「モノづくりから、コトづくりへ」をこえて

サービスデザイン思考

SERVICE DESIGN THINKING

株式会社インフォバーン
井登友一

NTT出版

目次

第2章 脱・モノづくりマインドから始めよう　49

終章 サービスデザイン思考でこれからのビジネスを考えよう

序章

なぜ今「デザイン」が求められているのか？

高まるデザインへの期待

この数年、書店に足を運ぶと「UXデザイン」や「デザイン思考」など、「デザイン」というキーワードがタイトルに掲げられた書籍がビジネス書や一般書のコーナーに数多く並べられています。スーツを着たビジネスパーソンからデザイナー風の方、はたまた学生くらいの年齢の若い方まで、老若男女を問わず熱心にそれらの書籍を手にとる光景が見られるようになりました。

こうした書籍を開けば、必ずと言っていいほど、以下のような言葉に出会うでしょう。

「カタチのあるモノから、カタチのないコト（体験）へ」
「ユーザーの声を聞き、真摯に向き合い、ニーズに応えることから始める」
「消費者の生の声の中にこそ答えはある」

これらはこの二〇年ほどの間、ビジネスの世界、特に製品開発やマーケティングの世界においてて語られてきた言葉です。

わたしは大学卒業後にマーケティングやデザインを企業から依頼を受けて支援する会社に入社した後、二〇〇〇年前後に当時欧米（特に北米）を中心としてデザイン、特にウェブサイトなどのインターフェースデザイン領域のデザイン設計においては常識となっていた「人間中心デザイン（Human Centered Design、以下ＨＣＤ）」、「ユーザー中心デザイン（User Centered Design、以下ＵＣＤ）を専門に行う事業部門の立ち上げに参画しました。まさに、今となってはデザイン専門家のみならず一般的なビジネス、マーケティングの現場でも当たり前の考え方となった、仮想の顧客モデル「ペルソナ」を用いて、ユーザー中心の発想で製品やサービスの開発、マーケティング戦略の立案をしようという動きが日本でも生まれ始めた時代です。

それから二〇年余りの時を経て、冒頭のようにデザインの専門家だけでなく、一般的なビジネスの世界でもこれほどデザインが語られるようになったことは、比較的早い時期から日本におけるＨＣＤ／ＵＣＤに携わってきた実務家として隔世の感を禁じ得ません。

かつては、ＨＣＤ／ＵＣＤの重要性について企業に懸命に提言をしてもなかなか理解されず、忸怩たる思いをしたこともたくさんあります。そのような苦い思い出があるだけに、少しずつ、しかし着実に、ビジネスの現場において「デザイン」への期待と関心が高まってきていることを心から嬉しく感じています。

国によるデザイン戦略

ビジネスとデザインの関係強化という点においては、折しも二〇一八年五月二三日に経済産業省と特許庁が「『デザイン経営』宣言」という報告書を発表したことは記憶に新しいのではないでしょうか。

これは、デザインによる企業競争力を強化するための課題の整理と対応策をまとめたもので、端的に言うと、企業におけるデザインの役割を、従来の考え方のようにプロダクトデザインやグラフィックデザインといった「意匠的に表現する」範囲を超え、「企業経営に大きく関わる存在である」と再定義している点が画期的です。

言うなれば、デザインが世の中に対して貢献する範囲を広く捉えて、その力を活用することで、製品・サービス領域におけるイノベーションを起こすことはもとより、企業の存在価値自体に変革をもたらし国際的な競争力を生みだそう、という壮大な提言です。

もう一点、この報告書において興味深いのは、報告書内においてデザイン経営に関与する人材の役割として「デザイナー」という表現ではなく「デザイン人材」という表現が用いられている点です。これからの「デザイン経営」の時代において必要とされ重要となる人材は、いわゆる専門家としてのデザイナーに限らず、デザイン的なものの考え方や見方で製品やサービス、ひいては事業や企業そのものの価値を捉え、考え、カタチにできる人材であるべきである、ということを日本という国レベルで推し進めていくという宣言であるとも言えるでしょう。

こういった動きは、二〇数年前の日本の産業界におけるデザインの捉え方と比べると、非常に大きな変化が現実に起きている一つの証でもあるのです。

拡張する「デザイン」の役割

ではなぜ、たった二〇年の間に、このような大きな変化が起きたのでしょう？

大きな背景には、高度経済成長期以降ながらく続いた技術シーズ起点のモノづくりや、企業にとって都合の良いマーケティングを主体とした製品・サービス発想の行き詰まりがあります。こうした状況を打開するために注目され始めたのが次の二点です。

・ユーザー中心発想の重要性
・カタチのある「モノ」から、「コト（経験）」への価値基準のシフト

これらがなぜ重要なのかについては、以降の章で詳しく説明したいと思います。

他方、わたしは多様な業種・業界に属する企業の様々な製品・サービス、事業開発を支援する中で、「ユーザー中心発想」かつ「コト発想」でありさえすれば、万事解決するの

か、という点に疑問も感じてきました。一見、正論で耳あたりの良いそれらの言葉がわたしたちに思考停止をもたらし、「本当に価値あるものはなにか？」を必死に考え抜く機会を奪うことすらあるのではないかと。

　ますます社会は複雑になり、ひとびとの欲求は高次化しています。そのように変化しつつあるこれからの時代の中で、企業が社会やひとに価値あるものはなにかを考え、具現化する営みが本書における「デザイン」です。

「デザインとはなにか？」の定義については、いろいろな専門家が多様な視点から示していますが、それらの中でもわたしにとってもっともしっくりくる定義は、ミラノ工科大学の名誉教授で、サービスデザインとサステナブルデザインの世界的リーダーでもあるエツィオ・マンズィーニのものです。

　マンズィーニは著書の『日々の政治』（ビー・エヌ・エヌ新社）の中で、「デザインとは、『実用的な機能（問題解決《プロブレムソルビング》）』と『意味（意味づけ《センスメイキング》）』の両方の観点から、ものごとのあり方を批判的に検討し、どのようになってほしいかを思い描き、その実現過程に使えるシステムとツールを身近に得ることだ」と言っています。

　つまりデザインとは、現状の問題を機能的・合理的に解決することだけでなく、ひとや社会をもっと良い状態にしてくれるものごとはなにか、世の中がより幸福になるためになにが必要なのかを深く考え、カタチにしていく実践活動だということです。

さらに、マンズィーニはそのような「デザイン」をする能力は専門的な知識や経験のあるデザイナーだけでなく、あらゆるひとびとが持っていると言います。

マンズィーニは、次の四つの能力をデザイン能力だとしています。

① 批判的思考（ぼくたちの現状の状況では受け入れられないものを理解できる）
② 創造性（ものごとがどうなっていくのかを構想する）
③ 分析能力（利用できるシステムやリソースの限界を正しく理解し評価する）
④ 実践的思考（システムの制限範囲内で利用可能なリソースを最大限に活用して、構想を実行に移す）

どんなひとでも、これらの四つの能力を使いながら日々の仕事や生活を少しでも良いものにしていこうと取り組んでいる瞬間はデザイナーなのです。

誰でもデザイン能力を持っていることを、マンズィーニは「歌うこと」に例えて説明しています。誰でも歌うことはできるけれども、みんなが同じ才能を持っているわけではない。しかし、練習すれば誰でも合唱団で歌うことができるんだ、と。

また、ひとや社会は、意識をしていないとついつい日々のルーティンに流されてしまうことについてもマンズィーニは指摘しています。そのような他に選択の自由がないガチガチの慣習に縛られた行動や発想を無意識にしてしまう「慣習モード」から脱して、本来の問題に目を向け、新たな意味や可能性を探索し、行動する原動力となってくれる「デザインモード」こそが、わたしたちがより良い状態になっていくために必要なことだと言います。

このようなマンズィーニのデザインの捉え方を見ると、なぜ今、「『デザイン経営』宣言」が掲げるように、経営のレベルに関わる領域にまでデザインが必要とされているかの意味がご理解いただけるのではないでしょうか？　かつてのようにモノのかたちや見た目をつくることから、それらを含めてひとや社会をより良いものにしていくための意味をつくることへと、デザインが担う役割や領域は大きく変化しているのです。

サービス化するビジネス

そして、そのような「デザイン」が指し示す意味の変化の中で重要になるのが、本書のテーマとなる「サービスデザイン」です。

ここまで、「カタチのあるモノから、カタチのないコト（体験）へ」というフレーズを繰り返し取りあげましたが、まさに今、単にカタチのあるモノをつくることから、モノを通してひとびとが得る体験全体をつくることに重心を移していく変化が、ビジネスや公共サービスの分野で起きているのです。もちろんこの変化には、カタチのない「サービス」を通してひとびとが得る体験も同様に含まれます。本書で扱う「サービス」の定義は、第1章で詳しく説明したいと思いますが、ここで言う「サービス」とは、皆さんがサービスと聞いてイメージされるものよりも、もっと包括的な意味での「サービス」を指します。

昨今、XaaS《ザース》と表現されるビジネスが増えています。これは、X as a Service の略で、「サービスとしてのX」を意味します。MaaS《マーズ》（Mobility as a Service）や、SaaS《サーズ》（Software as a Service）といった言葉を耳にしたこともあるかもしれません。Xの部分には、様々な種類のビジネス（産業）が入りますが、共通する考え方として、「従来のモノ中心のビジネスを、サービスとして再定義しよう」という意味が込められています。

たとえば、MaaSであれば、モノとしての自動車をつくって売ることだけを考えるのではなく、「自動車を使って快適に移動する体験をどうデザインするか？」や、「移動体である自動車があることによって社会をどう便利で豊かなものにデザインできるか？」を考えることが自動車会社のビジネスだという発想になります。またSaaSであれば、完成されたソフトウェアを開発して売り切るのではなく、「ユーザーがソフトウェアを常に最良の状態で使用できるようにどう効率化を図るか？」や、「ユーザーが思い描いているビジョンを具体化して描きだせるような体験をどう提供するか？」がソフトウェア開発会社のビジネスだと考える発想です。つまり、企業にとってビジネスとは、製品を顧客に「売り切る」一時的なものから、「良い体験を提供し続ける」継続的なものへと変わりつつあるのです。多くのビジネスや社会のインフラがデジタル技術によって構成されていく昨今のデジタルトランスフォーメーション（DX化）は、このXaaSの流れをさらに加速させていくでしょう。

そして、そのような激しい変化や不確実性と関わり合いながら、柔軟に、業界や社会の常識的な価値観に縛られない創造的な視点でビジネスを考え、つくりだしていくためのデザイン活動であり、デザイン手法でもあるのが、本書のメインテーマである「サービスデザイン」なのです。
「サービスデザインとはなにか？」についての定義と説明は以降の章で丁寧にしていきますが、本書を読み進めていくうえで、ひとまず次のように捉えてみていただくとよいかと思います。

サービスデザインとは、顧客が自覚していないレベルのニーズや欲求に対して、顧客との共創関係のもと価値を提案し、良い関係を持続する仕組みを持った製品・サービスを創りだすこと、それによって、自社と顧客の双方のみならず、多様な利害関係者《ステイクスホルダー》間で価値を共有し、循環できるビジネスの実現をめざすもの。

わたしは、この本を手にとってくださった皆さんが「サービスデザインとはなにか？」を深く理解し、具体的にサービスデザインを行っていくための方法論、そして、サービスデザイン発想で自分たちのビジネスを捉え直し、ひとや社会に対して新たな価値を生みだすビジネスを発想するためのアイデアを、本書に詰め込みました。

以下に本書の全体構成を章ごとにアウトラインとしてまとめましたので、読み進めていくうえでのガイドにしていただけると幸いです。

本書の構成

第1章では、本書のテーマである「サービスデザイン」という考え方について説明します。多くの読者は、「サービス」という言葉も、「デザイン」という言葉も知っているし、それぞれの言葉が示す意味も理解していることでしょう。けれども、これら二つの言葉が一つになって「サービスデザイン」という言葉になると、意味がよくわからなくなります。「サービスデザイン」という考え方を説明、理解するためには、耳慣れた「サービス」という言葉の持つ本当の意味を理解することが出発点となります。サービスデザインが取り扱う「サービス」とはいったいなにか、これからの世の中においてなぜ「サービス」的な製品やソリューション、そしてビジネスづくりが求められているのか、を理解していきます。

続く第2章では、昨今巷で叫ばれている「脱・モノづくり思考」について考えます。どのようにすれば「脱・モノづくり思考」視点で製品・サービスを発想できるのかというマインドセットと手法について説明をしながら、実際に進めていくために役立ついくつかのツールも紹介します。そして同時に、今や誰も疑問を感じないくらいビジネスの世界に浸透した「モノからコトへ」という考え方についても少し批判的な視点で捉え直してみたいと思います。モノからコトに価値の拠り所が変化したと言われて久しいですが、はたして本当にモノの価値はなくなってしまったのでしょうか？　モノか、コトか、を分けて考える思考から解放されることが、本当の「脱・モノづくり思考」になるということを考えます。

第3章では、「ユーザー中心」に考えるとはどういうことかについて深く掘り下げてゆきたいと思います。多くの企業は「ユーザーの声に耳を傾ける」ことに常日頃から力を注いでいることでしょう。ユーザーのニーズをもとに製品・サービスを考えることが大切であることは言うまでもありません。しかし、「ユーザーの声」を聞いても、理解する方法を誤ってしまうと、正しい「ユーザー中心発想」にはならないのです。続く第4章、第5章では、適切にユーザーの声を集め、隠された「心の声」を引きだすためのリサーチ手法と、リサーチから得られた情報からインサイトを導きだすための手法について説明することで、皆さんが正しい「顧客理解」に一歩踏みだすお手伝いをします。

第6章と第7章では、これまで提示した「ユーザー中心発想」を、これからの時代や環境の変化の中で進化させていく考え方を紹介します。ビジネスの現場では長い間、市場と顧客のニーズに応え、問題や不満を解決するための製品をつくり提供する「顧客中心主義」が重要視されてきました。しかし時代の変化の中で、これまでビジネスの原理のように考えられていたこの「顧客中心主義」だけでは革新的な製品やサービスは生みだせなくなっています。本章では、一見これまでのビジネスの常識からは非常識に思える「脱・顧客中心主義」によって優れた価値を持つ製品やサービスを生みだすアプローチについて考えたいと思います。あわせて、日本の客商売において広く浸透している「お客様は神様」という考え方についても少し疑って見つめ直すことで、お客様だけでなく、ビジネスに関わる多くのひとたちにとって幸せな状態をいかにしてつくれるのか考えてみましょう。

第8章は、少し視点を変えてイノベーションを創りだす「組織」をテーマとしてとりあげます。企業が製品やサービスを開発し、販売したのちにアフターサポートを提供するといった事業活動は、当然ひとりの仕事では成立しません。そこには、研究や企画、製造や営業といった様々な役割と機能を持った部署が力を合わせ、連携する「組織」が必要です。企業において、組織はその企業の文化や、製品・サービスと向き合う姿勢を投影する、いわば「鏡」のようなものです。本章では、これからの時代に価値ある製品・サービスを生みだせる組織とはどのようなものか、について考えます。

第9章では、これまで論じてきたサービスデザイン発想を用いて価値ある製品やサービスを生みだし、様々なハードルを乗り越えながらビジネスとして成り立つ状態にまで実現させたうえで、不確実で変化の激しい環境の中において継続的により良いものにしていくための考え方と、具体的な実践方法について考えます。

そして終章では、皆さんのビジネスをより広く深い視点で見つめ直していく先にある、顧客や社会に対して良いインパクトをもたらす価値提案を行うために欠かせない重要なことを、八つのチェックポイントに整理したいと思います。

皆さんにとって本書を読み進めていくことが、抽象的で表面的な理解になりがちな「デザイン」、そして「サービスデザイン」という概念を理解し、良い製品やサービス、そしてビジネスを創りだすための実用的なガイドになることを期待しています。

さあ、サービスデザインの世界に一歩踏みだしていきましょう。

第1章

あらゆるビジネスが「サービス」になる時代

「モノ」と「サービス」を分けて考える時代の終わり

かつて「モノづくり大国」と呼ばれた日本では、長年にわたって「製品＝モノ」という感覚が強く根付いていています。しかし、現在の日本においては、すべての産業に占める製造業の割合はＧＤＰベースでは二割程度に留まり、二〇一〇年時点では広義のサービス産業の占める割合が産業全体の七割を超えています（内閣府「サービス産業の生産性」参照）。つまり現在、日本国内で産業活動を通して生みだされている価値の大半が「サービス」だということです。

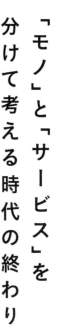

さて、皆さんは「サービス」という言葉を聞いて、どのようなものをイメージするでしょうか？

たとえば、清掃の行き届いたおしゃれなカフェで提供される気持ちの良い接客や、行きつけのお店でリピート利用の特典として提供される割引、のようなものが思い浮かぶのではないでしょうか。いわゆる、「サービスが良い／悪い」という言葉で扱われるようなものです。しかし、そのような「サービス」だけで産業全体の七割を占めるほどの価値をつくりだせるのでしょうか？　実はそのようなサービスは、本来「サービス」が持っている意味の一部でしかないのです。では、「サービス」とはいったいなんなのでしょうか？

ここでは、産業区分でサービス業に区分されている「情報通信業」を例に挙げて考えてみましょう。わたしたちにとって「情報通信業」との身近な関わりとして真っ先に思い浮かぶのは毎日使っているスマートフォンでしょう。スマートフォンを手に入れて使用したい場合、まずは近くの携帯電話ショップで気に入った機種を選び、通信回線を契約し、その後は月々使用料金を支払って使う、というのが一般的なパターンです。

ユーザーによってはスマートフォン（端末）そのものの代金を契約時に一括で支払う場合もあれば、一年や二年など所定の契約期間の間、月割で分割支払いする場合もありますが、多くのユーザーにとって共通するのは、これらの端末購入代金とは別に、スマートフォンを使って通信を利用する（電話をしたり、通信回線を使ってインターネットを利用する）ことに、月額で料金を支払う契約を結ぶことでしょう。中には、万が一スマートフォンが破損・故障した場合などにはわずかな費用負担や無償で端末を修理・交換してくれる保証制度のようなものに追加料金を支払うユーザーもいるかもしれませんし、定額料金で音楽や動画などを好きなだけ視聴できるサービスを契約するユーザーもいます。

このようなスマートフォンの場合、端末そのものはモノとしての「製品」であり、スマートフォンを継続的に使用することが目に見えない「サービス」であると言えるのです。

別の例を考えてみましょう。多くの企業のオフィスにはコピーやＦＡＸ、書類のスキャンなどができるオフィス複合機と呼ばれるものがあるでしょう。かつてコピー機やＦＡＸ専用機は、機器そのものを購入し、購入後はユーザーが自身の責任において機器を使用するのが一般的でした。今でも家庭用のプリンタやＦＡＸ機能付き電話機などはそうでしょう。

しかし現在では、企業が複合機を使用しようとする場合には、機器メーカーや販売代理店と契約を交わし、初期費用をいくらか支払った後に月額で使用頻度に応じて使用代金を支払う「リース契約」を交わすことがほとんどです。このようなリース契約では、機器を使用する過程で故障した場合、修理や消耗品の補充・交換についても、無償もしくはわずかな追加費用で対応してくれるアフターサービスが契約内容に含まれている場合がほとんどです。そして、所定の契約期間が経過すると契約の継続を前提として、機器自体を最新型のものに無償で交換してくれる場合もあります。この場合、オフィスに設置する複合機そのものは「製品」ですが、実際にユーザーが契約し対価を支払っているのは、機器を使用してコピーしたり書類をプリントアウトする行為自体が問題なく行えるようにサポートやメンテナンスをしてくれる「サービス」だ、と考えることもできるでしょう。

これらの例は、ユーザーにとってある製品を購入するということは、モノを「所有」すること以上に、製品購入後に継続的にモノを使用することで得られる「結果」を得るために対価を支払うということだと言えます。つまり、「サービス」とは、接客やオマケでついてくる特典のような断片的なものだけを指すのではなく、製品がいつでも滞りなく使えることを保証することなのです。これを「使用価値」と呼びます。そして、サービスの価値には顧客にとってそのような使用価値を継続的かつ中長期的に得られることが含まれているのです。

つまり「サービス」とは、モノを通して得られる使用価値と、顧客と企業との間の継続的な関係性によって生みだされる価値だと言えるでしょう。そして、このような考え方に基づいた製品やサービスはますます増えつつあります。その背景の一つが、「モノのインターネット＝ＩｏＴ（Internet of Things）」化です。

コラム1

サービス・ドミナント・ロジックとは？

このような「製品（モノ）」と「サービス」の関係性が生みだす価値システムを概念化した考え方が「サービス・ドミナント・ロジック」（以下、SDL）と呼ばれるコンセプトです。カタカナ文字の並ぶ少し難しい概念の説明になりますが、サービスデザインを理解するうえでとても重要な考え方なので、お付き合いください。

SDLの考え方は、二〇〇四年にステファン・ヴァーゴとロバート・ラッシュという二人のマーケティング研究者によって発表された“*Evolving to a New Dominant Logic for Marketing*”という研究論文が出発点になっています。

SDLとはどのような概念かについて端的に言うと、世の中における価値を支配する基点が「物質的なモノ（Goods）」から「目に見えないサービス（Service）」へと変化している、という考え方で、前者の「モノ」中心の価値概念を「グッズ・ドミナント・ロジック（Goods Dominant Logic　以下、GDL）」とし、後者の「サービス」中心の価値概念を「サービス・ドミナント・ロジック（Service Dominant Logic）」と定義しました。

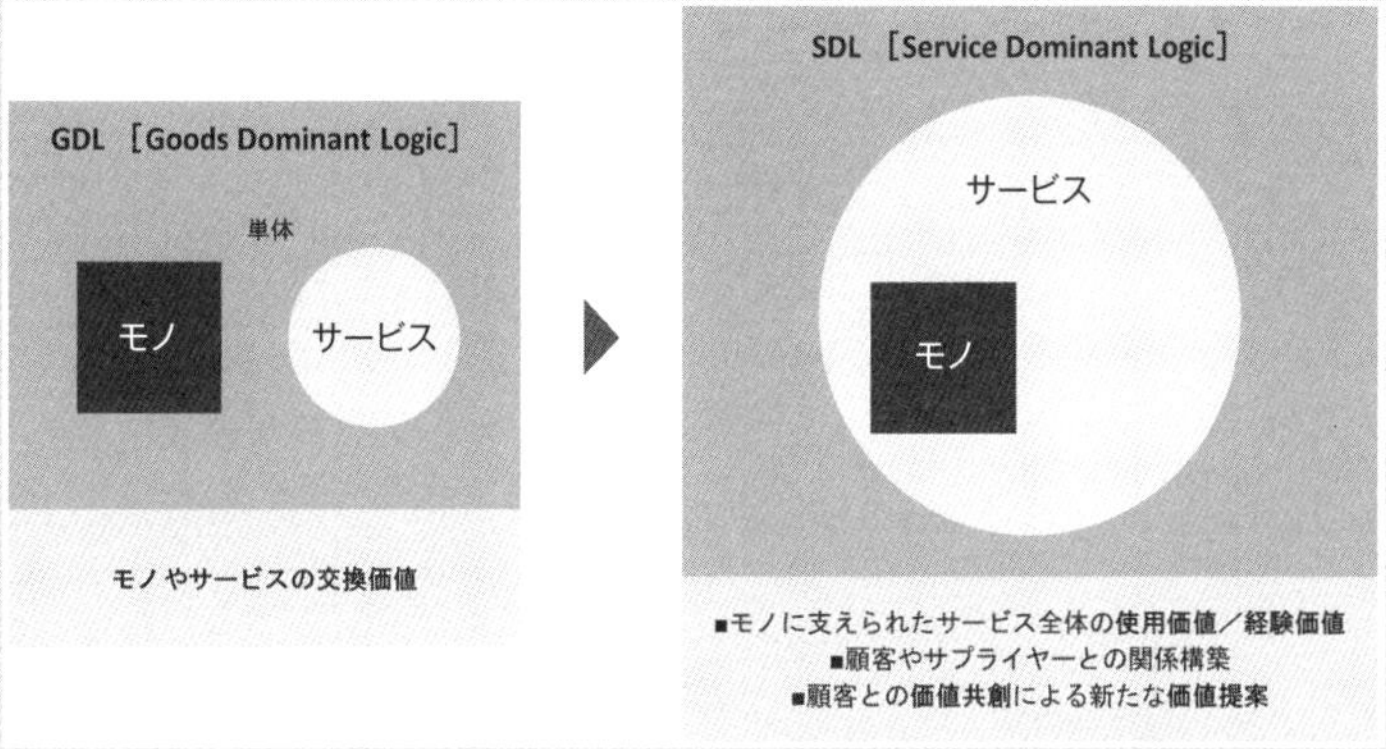

図表1－1　GDLとSDLの概念イメージ（筆者作成）

ＧＤＬとＳＤＬのそれぞれの概念を上図のように表現できます（図表1－1）。

ＧＤＬでは、モノとサービスは切り離して考えることができます。たとえば、文具店でシャープペンシルを購入するという状況を例に挙げると「シャープペンシル（モノ）」と「割引や気持ちの良い接客（サービス）」は、それぞれ個別に成立します。つまり、接客の良くない店で購入したとしても、シャープペンシルが持つ機能的な価値や製品そのものの品質には影響がないということです。

他方、ＳＤＬの世界ではモノとサービスは一体化していて切り離すことができません。さきほど例に挙げたスマートフォンやオフィス複合機などはまさに「ＳＤＬ的な考え方」でつくられた製品・サービスであると言えます。モノとしてのスマートフォンや複合機と、それらのモノを通して得られる使用価値を成立させるためのサービスはもはや一体化していて、個別に切り離してしまうと意味をなさなくなってしまうのです。このようなSDL的な考え方で製品やサービスを発想する考え方こそが、本書の中心テーマとして据えている「サービスデザイン」発想なのです。

常にアップデートを期待される「ソフトウェア化する」モノ

昨今、世の中の製品の多くが通信技術によってインターネットとつながり始めています。インターネットによってデータや他のモノとつながった製品は、その製品ができあがった時点やユーザーに購入された時点が「完成形」ではなく、常に仕様や機能がアップデートされていくことを前提につくられています。

そのようなインターネット化した製品やサービスの典型的な例が、先述したようなスマートフォンやオフィス複合機などの情報機器や、スマートフォンアプリに代表されるようなソフトウェア製品です。情報機器やソフトウェアの多くは、ユーザーの購入後に、通信ネットワークを介して機能や仕様がアップデートされたり、より便利で快適に使えるように改善・改良がなされることでその価値を向上しています。そしてユーザーは、そのような購入後のアップデート価値も含めて、それらの製品に対価を支払っているのです。

もちろん、世の中のすべての製品がこのように購入後にアップデートされるものばかりではありませんが、このようなＩｏＴ化の潮流の中で「モノとサービスが一体化した」製品はますます増えていくでしょう。誤解を恐れずに言うなら、多くの製品が「ソフトウェア化」しているのです。製造業花盛りであったかつての時代には、製品はモノというかたちで製造され、市場に出た時点がもっとも完成されていて価値も高かったのです。加工食品や家庭用品のような、使用することで価値が消費されていく消費財のみならず、家電や自動車、はたまた住宅のような長期にわたって使用されることを前提につくられた耐久消費財も同様に、新品購入された時点が製品価値のピークでした。そして、購入後は使用される年数が経過すればするほど機能の退化や老朽化によって市場やユーザーにとっての価値は低減していくという考え方が常識だったのです。

しかし、インターネット化、ソフトウェア化した製品は、新品購入された後に機能改善や、使用価値向上のためのアップデートがなされ、ますます使いやすく、使用価値の高いものになっていくようにつくられているという点で、従来型の製品発想とは真逆の価値視点でつくられている、ということがおわかりいただけるでしょう。

ここで誤解してはいけないのは、本章で論じている「モノのソフトウェア化」は、必ずしもインターネットなどを用いた情報機器やソフトウェアのような、ハイテクな製品にのみ当てはまる現象ではない、ということです。具体的な例として、「エアクローゼット」というサービスを紹介しましょう（図表1—2）。

エアクローゼットは、月額定額型（いわゆる「サブスクリプション」モデルと呼ばれるサービス形態）のサービスで、ユーザーの好みに応じてプロのスタイリストがコーディネートした洋服が、毎月数点ずつ送られてきます。ユーザーは送られてきたコーディネートを楽しんだ後、アイテムを送料無料で送り返します。契約コースに応じて新しいコーディネートが定期的に届けられ、楽しむことができるのです（さらに、気に入った商品は買い取ることもできます）。

つまりこのサービスは、「エアクローゼット」というサービス名が示すように、まさに自分のワードローブ（クローゼット）をバーチャルに所有できる、言うならば洋服のクラウ

図表１－２　エアクローゼットのサービス概要（出典 https://www.air-closet.com/）
＊2021年11月23日時点

ド化サービスと言えるでしょう。

もちろんこのサービスの使用はウェブサイトやアプリを介して行われますが、肝心の製品そのものは情報機器などではなく、洋服やアクセサリーといったリアルなモノであるのが、面白いところです。

これまでファッションを楽しもうと思うと、洋服や小物を「購入」し「所有」したうえで「使用（着用）」する以外に方法がありませんでした。しかし、このサービスによって洋服を所有せず、使用（着用）して楽しむという「経験価値」だけを享受することが可能になったのです。それに加えて、プロのスタイリストに提案されることによって、従来であれば自分では選ばなかった新しいファッションアイテムと出逢えるという、さらに高いレベルの経験価値をも得ることができます。

このような事例もまさに、「製品のソフトウェア化」の一つの例と言えるでしょう。「製品のサービス化」とは、言い換えるならば「ソフトウェア的発想」で製品を考えることである、とも言えるのです。これからの世の中においてユーザーに対して継続的な価値を提供できる製品は、このようにソフトウェア的な発想で考えられたものになるのではないでしょうか。

購入後に顧客との関係が始まる

さらにここで注目したいのは、ユーザーだけが一方的に製品・サービスから価値を享受しているのではない、という点です。

さきほど例として挙げたエアクローゼットの場合、ユーザーの利用傾向（アプリの利用傾向や、好んで選ばれるアイテムなど）に関するデータを、アプリやウェブサイトを経由して収集し、分析することによって、さらに良いコーディネート提案や、アプリの使用体験を提供できるように日々改善しています。これは、同じく例として挙げたスマートフォンや、オフィス複合機についても同じことが行われているのです。対価を支払った瞬間に、対価と製品の価値が等価交換されて完結する「交換価値」という考え方を基点につくられた製品とは違い、サービス発想で考えられた製品は、購入後に快適に製品を使用できる「使用価値」を価値の基点としていて、顧客もそれに期待をして対価を支払うのです。

そのため、SDL的な製品・サービスを提供する企業は通信を介して日々データを収集し、ユーザーの機器利用状況を分析したり、定期的なメンテナンスによって不具合や故障が起きる前に部品交換を行ったり、サーバーの増強を行うことで、継続的により良い使用価値を提供し続けるための活動を行っています。これは、ユーザーと企業がより良い価値を生みだすために協力をしあっている、とも言えるのではないでしょうか。あるいは、ユーザー自身は製品やサービスの使用価値を高めることに協力しているつもりがなくとも、知らぬ間に製品・サービスの価値を継続、向上させるための価値づくりプロセスに参画してしまっているのです。

このような価値づくりのプロセスを、サービスデザインにおいてはユーザーとの「価値共創」と呼びます。つまりサービスとは、製品を通して企業とユーザーが関わり合う中でお互いに価値を生みだしていくプロセスそのものなのです。これまで述べた世の中のデジタル化や、ひとびとの期待が交換価値から使用価値へとシフトしつつある社会変化の影響を受けて、これから求められる製品やサービスは、すべからく「サービス化」していくのです。

ここまでの説明をまとめると、サービスデザインとは、購入した瞬間からユーザーと企業との間の「終わらない」共創関係が始まる製品・サービスを設計する総合的で実践的なデザイン活動のことなのです。

デジタルトランスフォーメーションによるサービス化の後押し

少し話は横道に逸れますが、繰り返し述べてきた「世の中のデジタル化」について、サービスデザインがデザインする領域と範囲についての理解のために触れておきたいと思います。

社会のデジタル化は、昨今「デジタルトランスフォーメーション」（以下、ＤＸ化）という言葉で語られていますが、ＤＸ化とはいったいなにを意味するのでしょう？

往々にして、これまであった製品やサービスの提供方法やユーザーとのタッチポイント（製品やサービスを使用・体験するための接点となる購入場所や、使用にあたっての手続きや手順など）をリアルの店舗や窓口から、ウェブサイトやアプリなどのデジタルチャネルに置き換えること、それによって、ユーザーが便利で効率よくスマートに製品やサービスを使えるようにすること、と捉えられている方が多いのではないでしょうか。しかし、そのような捉え方はＤＸ化のほんの一部であり、狭い視野での見方にすぎないのです。

英国が運営する市民サービス提供のための「ＧＯＶ．ＵＫ」というウェブサイトがあります（https://www.gov.uk/）。二〇一三年の英国デザインオブザイヤーを受賞したこのウェブサイトによって、英国の市民は様々な公的サービスの手続きや申請、利用がオンラインでできるようになりました。これまで役所の窓口でしかできなかった公的な手続きをウェブサイト経由でできるようになることは、ユーザーである市民にとって大変便利で画期的なことでした。しかし前述したように、これまであったサービスの提供方法やタッチポイントをリアルからインターネットに置き換えただけで、GOV.UKは市民サービスのDX化を実現できたのでしょうか?

わたしは、以前参加したサービスデザインの国際学会で、GOV.UKの設計とデザインを行ったGDS(Government Digital Service)という組織の責任者の講演を聴きました。その際にGDSのデザイン責任者が後日談的に語っていたのは、GOV.UKの華々しいスタート後の混乱についてでした。

当初、GOV.UKの多くのサービスは従来の公的サービスの利用・提供方法をインターネットに置き換えるかたちでスタートしたそうです。ところが、公的サービスの多くをインターネットに置き換えると、とんでもないことが起きたのです。

インターネット化される前の公的サービスでは、サービス内容によって様々な省庁や部局が分断的に担当していました。たとえば、結婚の際に提出する婚姻届はある部局が受理し婚姻関係を市民台帳に記録しますが、それに伴う社会保険や税務関係の手続きはまた別の省庁や部局の担当なので、市民はまた別の窓口に対して個別の手続きを行わないといけない、といった「縦割り」の状況だったのです。

しかし、市民サービスがインターネット化されるとユーザーである市民はよりシームレスなサービス体験を求めるようになりました。婚姻届をウェブサイト経由で申請したら、世帯の税務関係についてもデータ連携して同時に情報修正してほしい、というような期待が生まれたのです。インターネットによってサービス利用が簡単で便利になると、もっとスマートでシームレスにサービス利用したい、と思うのはユーザーとして当然の心理です。

そのような市民からの要望を受けてサービス体験の改良・改善を行おうとした時に直面したのが「組織の壁」だったのです。一言でいうと、ユーザーにとって自然で快適なサービス体験を実現するためには、その裏側で実際に動く省庁や部局を再編する必要すらある、ということなのです。ユーザー中心のサービス実現のためには、サービス提供を行う組織自体が、組織にとっての効率や都合中心ではなく、ユーザー中心につくられていないと最適なサービスは成立できません（このような組織デザインの重要性については第8章で詳しく扱います）。結果として、GOV.UKの立ち上げののち、何年もの時間をかけて広範囲にわたる組織の再編と最適化をも行わざるを得なくなりました。

この事例を通して皆さんに知ってほしいことは、DX化とは従来あった製品やサービスの提供方法やユーザーとのタッチポイントを単にデジタルに置き換えることではなく、それらの製品やサービスを構成する企業のバリューチェーンや、その裏側で実際に動く組織すら「インターネット的」に根本から再設計するということなのです。あらゆる製品がサービス化＝インターネット化、ソフトウェア化することを期待されるこれからの時代には、このような俯瞰的で広い視野で製品・サービス、および企業のあり方をも考え直す必要があります。

サービスデザインとはなにか？

ここまで様々な事例を用いてサービスについて説明してきましたが、皆さんの中で「サービス」という言葉が示す意味が少し変化したのではないでしょうか？

つまり、サービスデザインがデザイン対象とする「サービス」とは、

・カタチがなく無形

・サービスの提供者（多くは企業）が一方的に顧客に価値を提供するのではなく、企業と顧客が一緒になって価値を創りだす
・買われた瞬間から関係が始まる
・顧客によって価値の感じ方は変化する

ものであり、そのような「サービス」を最良の状態にデザインすることが「サービスデザイン」なのです。

サービスデザインの研究者と実務家による国際ネットワークであるService Design Network（SDN）は機構のウェブサイトで、サービスデザインを次のように定義しています。

サービスデザインとは、サービスをデザインすることであり、サービスの始まりから終わりまでのサイクルを通じて、ユーザーとサービス提供者の双方に価値を生みだすために、包括的かつ高度に協働的な方法を用いて行うことです。

（https://www.service-design-network.org/about-service-design より筆者訳）

これらの考えをまとめると、サービスデザインとは、顧客が自覚していないレベルのニーズや欲求に対して、顧客との共創関係のもと価値を提案し、良好な関係を持続する仕組みを持った製品・サービスをつくりだすこと、それによって、自社と顧客の双方のみならず、多様な利害関係者間で価値を共有し、循環できるビジネスの実現をめざすもの、だと言えるでしょう。

では、どのようにしてサービスデザイン発想で製品やサービスを考えればよいのでしょうか？　そのためには、

・製品・サービスを発想し具体化するための「手順」
・ユーザーニーズを捉える「視点」

の二つについて、従来の製造業的な「モノづくり思考」の考え方から発想の転換をする必要があります。続く第2章では、サービスデザインを行う「手順」と「視点」について説明していきましょう。

本章のポイント

☑ DX化する社会ではモノとサービスの垣根が取り払われることで、あらゆるビジネスはその両方を含めた「サービス」になっていく。

☑ サービス化するビジネスは、ソフトウェアのように常にアップデート（更新）することが期待される。

☑ 製品やサービスが購入された時点から顧客との関係性が始まる、顧客との持続的な価値共創を実現するビジネスを考える視点がサービスデザインである。

☑ サービスデザインは、顧客のみならず多様な利害関係者とも価値を共有・分配し、持続的に循環できる製品・サービスやビジネスの実現をめざすものである。

第2章

脱・モノづくりマインドから始めよう

イノベーションをもたらす製品やサービスの共通点

本章では、サービスデザインに取り組むための「手順」と「視点」について説明します。サービスデザインの手順については、様々な専門家や実務家が試行錯誤を重ねており、日々その実践方法は進化しています。一つの例として、ひょっとしたら皆さんも耳にしたことがあるかもしれない「デザイン思考」について、少し触れておきましょう。

デザイン思考とはなにか、を一言で表すなら「デザイン的なものの考え方を誰もが実践しやすいフレームワークとして体系化したもの」だと言えます。デザイン思考は、最近ではデザインやクリエイティブ産業に関わる専門家のみならず、一般的なビジネスの世界においても革新的な製品やサービスを生みだすための思考法として広く普及しました。

このデザイン思考を手法として体系化したのは、世界的に有名なデザインコンサルティング会社であるIDEO《アイディオ》と、米国スタンフォード大学に設置されているイノベーション・スクール「d.school」です。IDEOの創業者であり、d.school創設者のひとりでもあるデイヴィッド・ケリーが、ＩＤＥＯにおいて創造的な製品やサービスを開発デザインする際に用いられていた、アイデアづくりのための着眼点や発想の手順と、アイデアを実際にカタチにしていくためのプロセスを整理・体系化して、誰もが学び実践できるようにフレームワーク化したものが、デザイン思考だと言われています。

ＩＤＥＯはこれまで実に様々かつ創造的な製品を生みだしてきました。

たとえば、初期のアップル社のマウス（図表２－１）や、ｉＰｈｏｎｅが生まれるはるか前につくられた画期的な携帯情報端末「Ｐａｌｍ」（図表２－２）など、時代の節目節目でイノベーションと呼ぶにふさわしい製品を数多くつくりだしています。

図表２－１　初期のアップル社のマウス

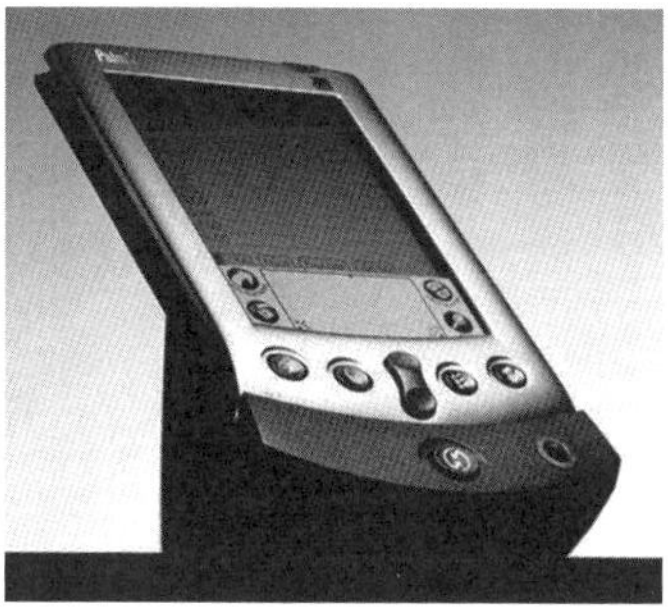

図表２－２　携帯情報端末「Palm」

もともとはプロダクトデザインを専門とするデザインスタジオであったＩＤＥＯは、創造的な視点と発想で徐々にデザインの範囲を拡げ、今で

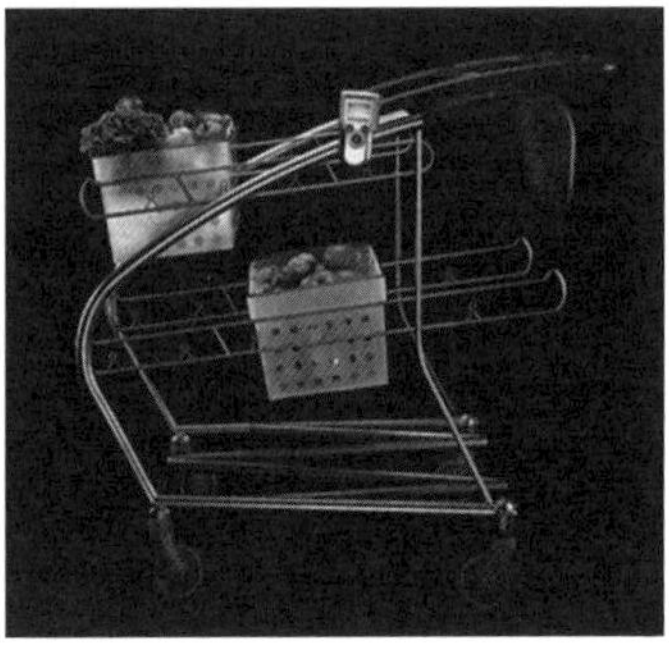

図表2－3　IDEO デザインのショッピングカート

はモノのデザインのみならず、医療施設における患者体験の設計や、企業のブランドアイデンティティなど、幅広い領域までデザインの対象を拡げています。

ＩＤＥＯの存在を世に知らしめたのは、一九九九年七月に米国で放映されたＡＢＣのニュース番組『ナイトライン』の、「ディープ・ダイブ」という特集コーナーでした。このコーナーの中で、今までになかった画期的なショッピングカートをたった五日間でつくりあげる、というお題がＩＤＥＯのメンバーに与えられ、見事にそれを成し遂げてみせました[1]（図表2－3）。一見無謀にも思えるこのチャレンジの達成が、ＩＤＥＯ自身の存在と彼らの創造的でスピーディーなデザイン方法が注目されるきっかけとなったのです。

ＩＤＥＯのデザインアプローチをわかりやすく表現するなら、次のようになるでしょう。

ある課題や問題を解決するためのアイデアや最適解を、十分な資源やノウハウがない状態の中でも出口を探りながら、広い視野と視点で可能性を探索して少しずつカタチにしていく。そしてより良いものにするために修正を繰り返す。

つまり、明らかな正解がないような問題の答えを、ものの見方を変えたり視野や発想を拡げることでなんとかして探しだそうとする考え方だと言えます。

このようなデザイン思考の考え方は、技術革新を主な原動力とする製品やサービスのイノベーションに行き詰まりを感じていた多くの企業にとって希望に感じられました。そして、欧米でのデザイン思考の広まりの後を追うようにして、日本の産業界においてもデザイン思考は期待を集めることになったのです

デザイン思考に関する手順やプロセスは、様々な企業や専門家によっていろいろなパターンが提唱されています。たとえば、前述のd．ｓｃｈｏｏｌが提唱するデザインプロセスは次のようなものです（図表2－4）。

① Empathize（共感する）
② Define（問題定義する）
③ Ideate（アイデアをつくる）

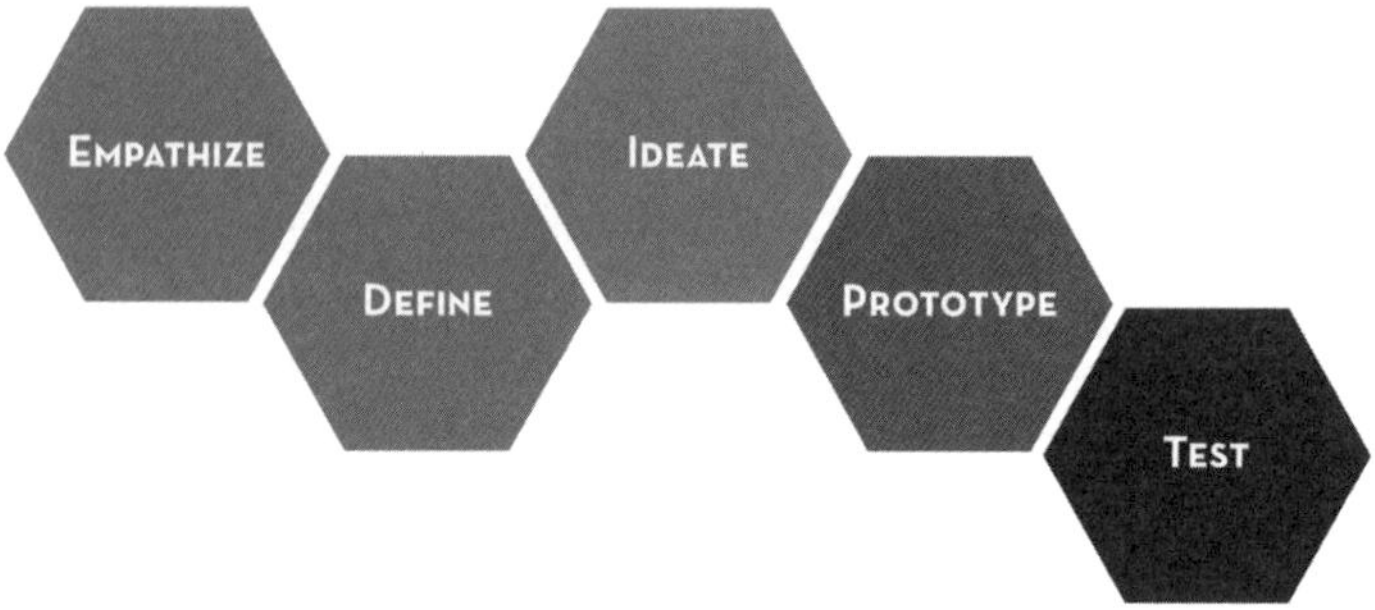

図表2－4　d.school が提唱するデザイン思考のプロセス
（出典 https://web.stanford.edu/~mshanks/MichaelShanks/files/509554.pdf）

④ Prototype（試作する）
⑤ Test（検証する）

という、五つのステップからなるd．school のデザイン思考プロセスは、各ステップの頭文字をとって、「EDIPT」プロセスとも呼ばれています。

このd．schoolのEDIPTプロセスの他にも、元アップル・コンピュータ社（現Apple社）のユーザーエクスペリエンスアーキテクトとして活躍した認知心理学者のドン・ノーマン博士と、ウェブユーザビリティの第一人者であるヤコブ・ニールセンが共同設立したデザインコンサルティング会社であるニールセン・ノーマン・グループが提唱する六つのステップからなるプロセスモデル（図表2－5）など、様々な手順が多くのデザイン実務家によって試行錯誤されてい

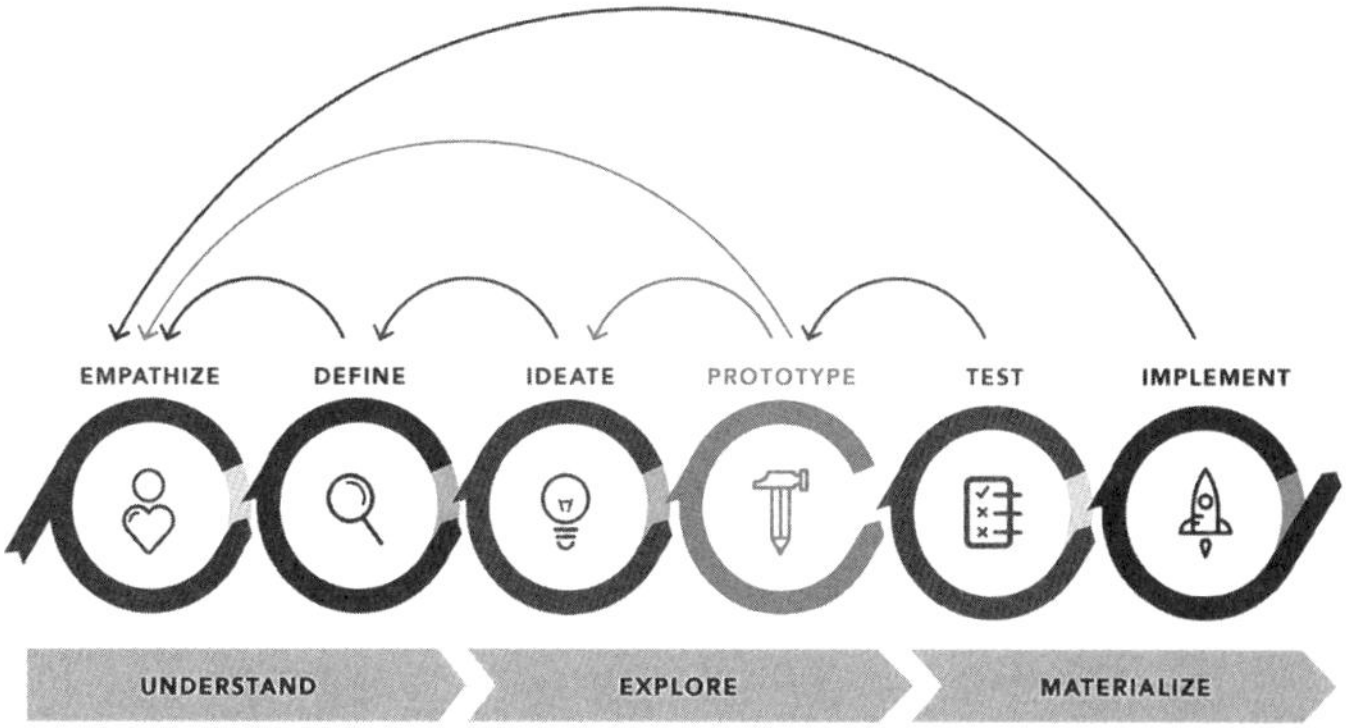

図表2−5　ニールセン・ノーマン・グループが提唱するデザイン思考のプロセス
（出典 https://www.nngroup.com/articles/design-thinking/）

ます。

そのような様々なデザインプロセスの中に、英国の公的なデザイン機関である英国デザイン協議会（UK Design Council）が二〇〇四年に発表したものがあります。

「ダブルダイヤモンド」と名付けられたこのデザインプロセスは、デザイナーだけでなく専門的なデザイナーではない多様なひとびとが協力しながら社会的、経済的、環境的に複雑な問題をデザインの力で解決するための汎用的な手順を示したもので、その名のとおり二つのダイヤモンド（ひし形）がつながったようなかたちで視覚化されています（図表2−6）。

ダブルダイヤモンドのプロセスは、〝D〟を頭文字に持つ四つのステップで構成されていま

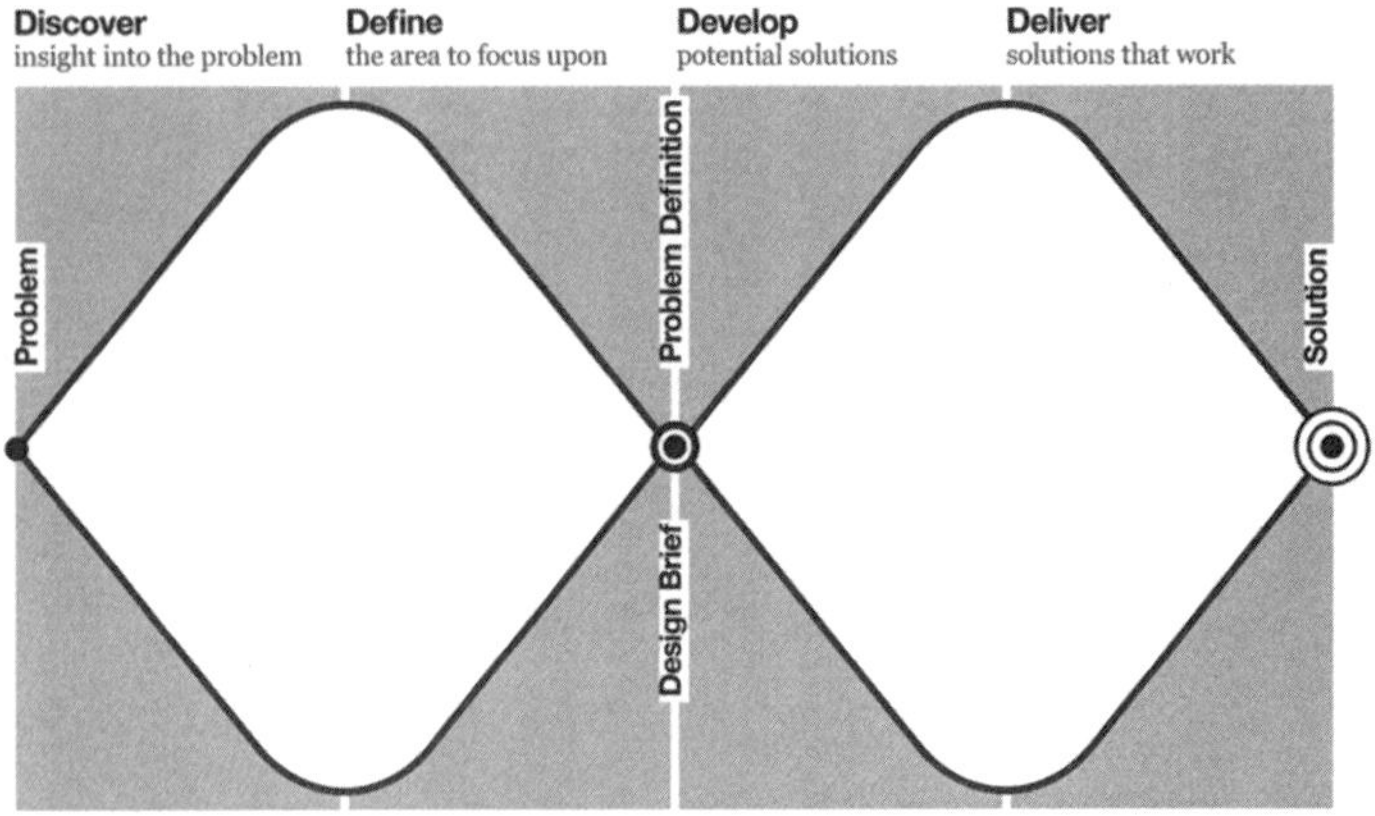

図表2－6　英国デザイン協議会が提唱するデザイン手順「ダブルダイヤモンド」のプロセス

＊上図は2004年の発表時の初期モデル。現在はさらにアップデートされている。
（出典 https://www.designcouncil.org.uk/news-opinion/what-framework-innovation-design-councils-evolved-double-diamond）

す。

①Discover（価値を探索する）
②Define（意味を理解し定義する）
③Develop（発想を展開しカタチにする）
④Deliver（世に出してみて検証する）

それぞれのステップが、制約条件や現状の常識に囚われず柔軟かつ自由に発見と発想を拡げていく「拡散」と、得られた発見や可能性を深く洞察し、重要な要素や状態をまとめあげていく「収束」を交互に行うように考えられていて、この「拡散」と「収束」を繰り返す軌跡が二つのダイヤモンドを描きだすのです。そして、このデザインプロセスは前半と後半のダイヤモンドで二つのフェーズに分かれています。①Discoverと②Defineで構成される前半のダイヤモンドは、「正しい問題を見つけ定義する」フェーズ。そして、③Developと④Deliverからなる後半のダイヤモンドは、「正しい解決方法を見つけカタチにする」フェーズと考えることができます。

さらに、ここまで紹介したデザイン思考の実践プロセスの三つのモデルに共通する重要なことがあります。それは、それぞれのプロセスモデルが示すいくつかのステップを順番に進めて最後までいくとそこで終わりではないということです。つまり、拡散と収束を何度も繰り返すことで、解決すべき問題はなにかを問い直し、最適と思える解決策を改良し続ける努力を常に継続する「終わりのない」実践活動こそがデザイン思考であり、デザイン的な考え方なのです。

このようなデザイン的な考え方をベースとして、自社の製品・サービスを「完成品」と捉えることなく常に改良し続ける姿勢と態度こそが「脱・モノづくりマインド」だと言えるでしょう。サービスデザインは、ここで紹介したデザイン思考のプロセスや、ダブルダイヤモンドをデザイン活動のベースに置きながら、様々な手法を組み合わせて実践するものです。

それぞれの具体的なデザイン手法については、次章以降で詳しく紹介していきます。

目に見えない「経験」にこそ価値がある

次に、サービスデザインのために必要な「視点」について考えてみましょう。

前述したダブルダイヤモンドのデザインプロセスのスタート地点にはDiscover（探索する）というステップが置かれています。では、いったいなにを探索すればいいのでしょう？

様々な企業のイノベーションを支援しているコンサルティング会社として有名なドブリン・グループ（現在はデロイトが買収）の共同創業者であるラリー・キーリーは、革新的な製品やサービスを実現する際に欠かせない三つの重要な視点を提唱しました。

① フィージビリティ（技術的に実現が可能か？）

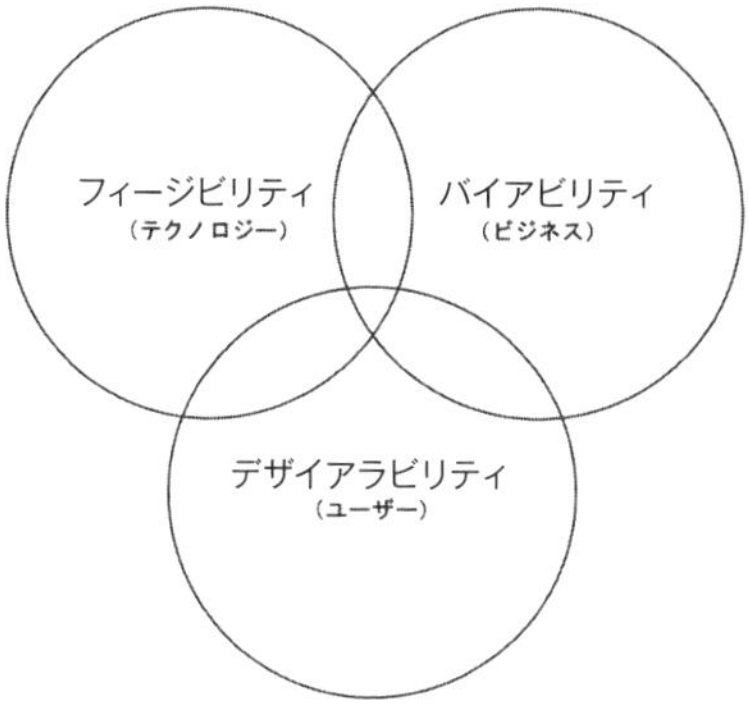

図表2－7　イノベーションを生みだす三つの視点
（ラリー・キーリーのコンセプトをもとに筆者作成）

②バイアビリティ（十分な市場性はあるか？　企業の成長に貢献するか？）
③デザイアラビリティ（顧客が本当に欲していることはなにか？）

これら三つの視点を耳馴染みのあるキーワードに置き換えると、フィージビリティは「テクノロジー」、バイアビリティは「ビジネス」、そしてデザイアラビリティは「ユーザー」となるでしょう（図表2－7）。ＩＤＥＯのＣＥＯであるティム・ブラウンは、これら三つの視点が交差しあうところで製品やサービスのイノベーションが生まれるとも言っています(2)。

かつて、日本の産業界ではこれらの三つの視点のうち、特に「テクノロジー」と「ビジネス」の二つの視点が重要視されてきました。

その理由は、洗練されたモノやサービスが少なかった時代には、技術を進化させることによって製品を高機能化・多機能化したり、市場の成長が見込める製品領域を見つけて参入することで高い収益を得られたため、企業にとって非常に効率が良かったからです。そのような時代には、顧客が本当に欲していることはなにか、という掴みづらい問いにわざわざ向き合わなくても、技術的な進化と、成長する可能性を持った市場を「探索」すれば、新しい製品を生みだすネタが見つかったのです。

しかし、世の中は変化しました。テクノロジーの進化速度は速まり多くの便利なモノが生まれ、市場には新しいモノがどんどん行きわたるようになったのです。

そうするとなにが起きるでしょうか？　技術的な進歩によって生まれた製品の行き過ぎた「高機能化・多機能化」は、やがてユーザー自身も理解できないくらい複雑になりました。そして、成長が見込まれる製品領域ばかりに多くの企業が参入したことで、市場には同じようなモノが溢れるようになりコモディティ化（潤沢品化）したことによって製品価格の下落を引き起こしたのです。その結果、皆さんもよくご存じのとおり、多くの企業は自社製品を差別化できなくなり、競争力を失ってしまいました。そこで、改めて注目された

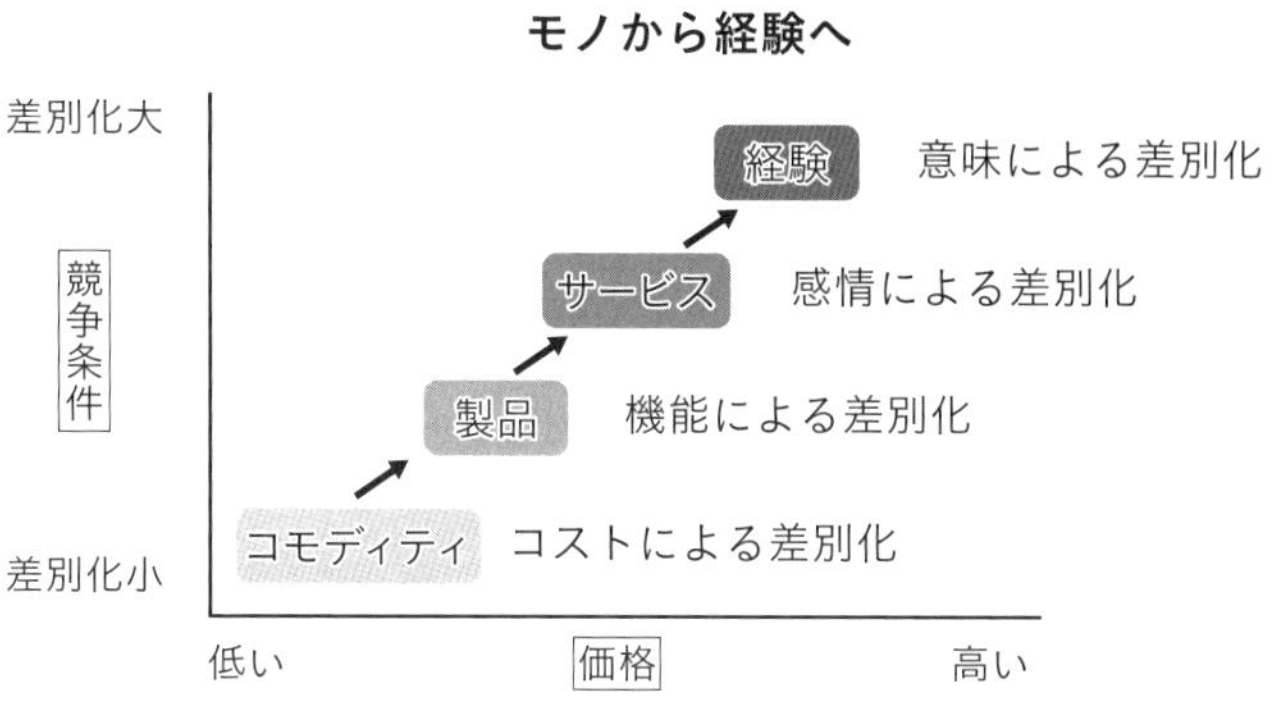

図表2－8　経験経済の概念図（ギルモア＆パイン『経験経済』より筆者作成）

のが、ながらく見過ごされてきた「顧客が本当に欲していることはなにか？」という三つ目の視点でした。では、ユーザーが本当に欲していること、とはなんでしょうか？

この問題を考えるための概念として「経験経済（Experience Economy）」という考え方を紹介したいと思います。経験経済は一九九九年にB・J・パインとJ・H・ギルモアという二人のマーケティングコンサルタントによって提唱された概念で、一言でいうと「『経験』こそが市場において新しい価値の基点となり、経済の中心となっていく」という考え方です。

経験経済では、社会や市場における経済価値（経済的オファー）の基点が時代の変化の中で、「コモディティ→製品→サービス→経験（エクスペリエンス）」

という四段階で変化していると言っています（図表2―8）。このような変化がなぜ起きているかというと、世の中のひとが高い対価を払ってもいいと思える対象が、物質的なモノから、カタチのない経験によって得られる価値に変化してきているからです。

「モノからコトへ」という表現を使うと、皆さんも腑に落ちるのではないでしょうか。

コラム2　経験経済――「モノからコトへ」のパラダイムシフト

ギルモアとパインは著書『経験経済』（流通科学大学出版）の中で、この考え方を端的に説明する事例としてコーヒーを挙げています（価格は原文ママ）。

カップ一杯分に換算するとせいぜい一セント程度のコーヒー豆が、一般的な喫茶店で提供されるコーヒーになると五～二五セントになり、一流ホテルのラウンジで提供されるコーヒーになると五ドルを超えます。そして、イタリア・ヴェネツィアの風光明媚なサンマルコ広場にある有名カフェのコーヒーは一杯一五ドル以上にもなりますが、顧客はこのカフェで過ごすすてきな時間を満足して楽しむのです。なぜ、同じ素材からつくられたコー

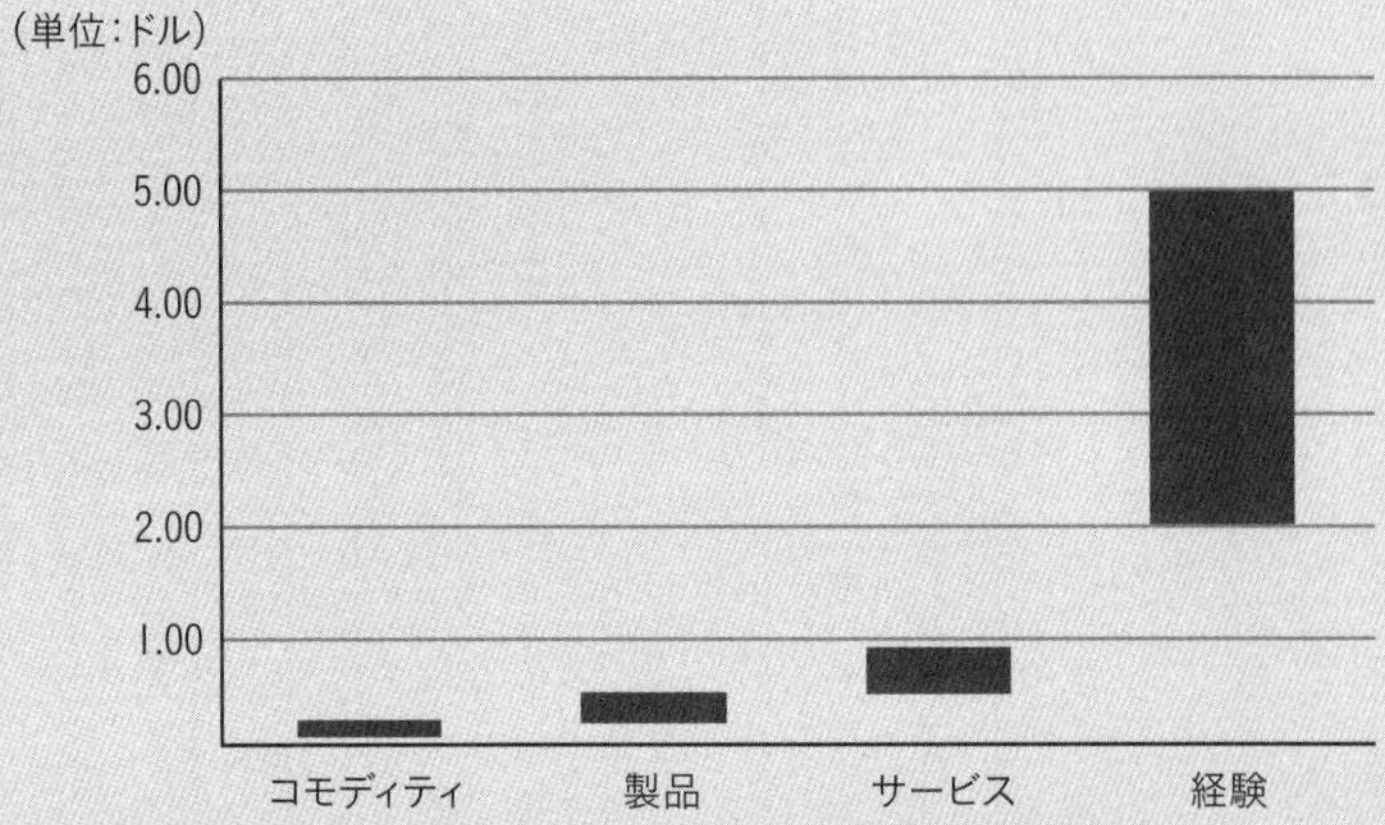

図表2－9　経験経済におけるコーヒーの価値の変化

（ギルモア＆パイン『経験経済』より筆者作成）

ヒーの間にこれほどの値段の差が生まれるのでしょうか？　それは、同じ素材からつくられたコーヒーでも、どこで飲むのか？　どのような意味を自分に与えてくれるものなのか？　によって、顧客にとってはそれが与えてくれる価値が変わるからです（図表2－9）。

コモディティである素材は同じような条件の下では他の素材でも代替可能ですが、特別な経験は同じような他の経験と比べてもその時の状況や環境によって自分にとっての「意味」が変わってしまうので他のもので代えが利きません。すなわち、ここで言う「経験」とは「意味による差別化」を示しているのです。

つまり経験経済では、品質や機能、情緒的な価値以上に、経験によって得られる自分にとって特別な「意味」こそが、顧客にとってもっとも価値ある対象であるということになります。

「経験経済」が発表されてから二〇年以上が経ち、「モノからコトへ」という価値観は今や日本の産業界や社会においてもはや常識になりました。しかし、その間の激しい時代の変化を考慮すると、社会やひとびとが欲する価値ある「意味」はますます複雑で多様になっているのです。これこそが、サービスデザインに必要な「視点」なのです。

「モノからコトへ」時代に「モノ」が果たすべき役割と価値

「モノからコトへ」という価値観の変化によって、モノをつくり続けてきた製造業企業は大きな転換を迫られています。モノよりもコトが重要なのであれば、もうモノには価値なんてないのではないか、という風潮さえ見受けられます。しかし、はたして本当にそうなのでしょうか？

「モノからコトへ」という考え方が注目された背景には、モノがユーザーに提供する役割が変化したことがあります。社会の近代化が進んだ時代に、その変化を牽引したのが工業化でした。工業化によってモノが効率よく大量に生産可能になっていくと、あらゆるモノは工業製品化します。そして、工業製品に求められたのは「機能的」であることでした。

建築家のルイス・サリヴァンが残した有名な言葉に「形態は機能に従う」というものがあります。すべての人工物には（建築物であれ、日常的に使用される製品であれ）与えられた機能があり、必要な機能を無駄なく実現できるようにモノの形状を考えることが結果的に最適で美しいカタチをデザインすることになる、という考え方です。

これは、純粋な機能や必要性だけでなく、宗教的な意味や歴史的な慣習などによって様式が決められる前近代的な建築の考え方に対するアンチテーゼと、勃興する近代化と資本主義社会への応答によるものでした（ハウフェ『近代から現代までのデザイン史入門』参照）。では、工業化以前にモノはどうつくられていたかというと、多くの場合、職人が手作業でつくっていたのです。家具や日用品などを必要とするひとが、その製作を専門の技能を持った職人に依頼し、職人は注文者の要望を聞きながらつくっていく。現代風に言えばオーダーメイドです。

洋服の世界にはこういった注文の文化は現代でも残っています。オーダーメイドでスーツなどの紳士服を誂える職人は「ビスポーク・テーラー」と呼ばれることがあります。この「ビスポーク」という言葉は"bespoke"と綴るのですが、これには注文者と職人が「話をしながら」注文者にとって最良の洋服を仕立てていく、という意味があるのだそうです。職人が注文者の好みや要望を引きだしながら、お互いに対話を通して良いものをつくりあげていたのでしょう。

つまり、かつて多くのモノはそれを使うひとにとってなにが良いことなのかを考えながら、職人が「そのひとにとって良いもの」を丁寧につくっていました。それが、工業化によって大量に同じモノを効率よく生産することが求められたことで規格化され、誰にとっても良いものをめざすようになったのです。そこで重要とされたのが、その製品を使う多くのひとにとって共通する「機能」的な役割だったのです。

社会が生産性や効率性をもっとも重要なことだと考え、近代化＝工業化をめざしていた時代には製品のもつ「機能」にこそ価値があったのですが、技術の進化によって高機能化・多機能化が飽和状態になり、経験経済の時代に変化した現在では大きく様変わりしました。ひとびとは機能的な便益以上に、自分にとって特別な意味のある、目に見えない「経験」に価値を感じるようになったからです。しかし、「目に見えない良い経験」はそれがひとびとに経験されない限り実感されることはありません。だからこそ、目に見えない経験価値を予期させたり、自分にとって意味のあるものだ、と認知させるための「目に見えるモノ」が重要な役割を担うのです。

この製品はどのように使えそうか、これを使うことは快適で気持ち良さそうだ、などとモノそのものがそのカタチなどによって物語ることでユーザーに予期・認知させるのです。あらゆる領域でデジタル化が進んでいる昨今では、製品やサービスはどんどん複雑化し、ひと目見ただけではどう使えるのか、どのように良い体験や楽しみが得られるのかをユーザーはますます理解しづらくなりつつあります。このような時代にこそ、目に見えない経験を予期させ、理解を促すことができるモノの役割を捉え直すことでモノとコトをつなげ、高い価値を生みだせるのです。

さらに、複雑で豊かな社会では「実用的に役に立つから」「機能的に必要だから」という理由だけでひとびとは製品やサービスを欲するわけではありません。

皆さんには、特に必要なわけでも日常の不便を解消するためでもないけれど、なんとなく使い続けているうちに習慣になってしまった製品やサービスってありませんか？　そして、いつの間にかその製品やサービスを使うことが生活の一部になって、もはやそれをしないという状況が考えられなくなった、という経験はないでしょうか？

たとえば、インスタグラムやＴｉｋＴｏｋといったＳＮＳなどはそのような製品やサービスの部類に入るかもしれません。ＳＮＳのような最新のデジタルサービス以外でも同様のことはあります。

高い品質でつくられたパソコンのキーボードはタイプすること自体が気持ち良く、特に文字を入力する必要はなくても、ついつい気分が良くなってたくさんの文章を書かせてくれます。高い工作精度の部品からつくられたトースターを手に入れると、タイマーをセットするためにツマミを動かす操作でさえ精密機械を操作しているような気持ちになれるのが楽しくて、ついつい何枚もパンを焼いてしまった、なんていう経験をしたひともいるかもしれません。

つまり、ひとは必要があるから製品やサービスを使うのでなく、製品やサービスを使うことを通して、後付けでそれらを使う「意味」や「必要性」をつくりだしている、とも言えるのです。

「モノからコト」の時代に「モノ」の持つ意味と価値を深く見直すことが、本当の「脱・モノづくりマインド」を獲得することになるのではないでしょうか。

次章からは、いよいよサービスデザイン発想で製品やサービス、そしてビジネスを考えるための具体的な手法について学んでいきましょう。

1 'ABC Nightline IDEO Shopping Cart', https://www.youtube.com/watch?v=rpslzypVgl8 参照。

2 'DESIGN THINKING DEFINED', https://designthinking.ideo.com/ 参照。

本章のポイント

- ☑ カタチのある「モノ」から、目に見えない「経験」に社会や市場における価値の立脚点は移行している。

- ☑ 経験価値が重要であると言っても、モノに価値がなくなったわけではない。目に見えない経験の価値を顧客に対して事前に認識・予期させるためや、顧客自身も想像もしていない新しい体験のインターフェースとなるモノには、ますます役割の転換と重要性が高まっている。

- ☑ 製品やサービスが世の中に溢れ、物質的に充足度が高まる社会では、製品・サービスに対して「機能的」「合理的」な便益だけではなく、自分にとって特別な「意味」が求められる。

第3章

間違いだらけの「顧客理解」

あなたが耳を傾けている「顧客の生の声」は本当の声？

ここからはいよいよサービスデザインを実際に行っていくための手法について学んでいきます。

第2章では、イノベーションをもたらす製品やサービスを発想するためには、顧客が本当に欲している「経験価値」はなにかを知ること、その経験価値が顧客にとってどんな重要な「意味」があるのかを理解することの重要性について述べました。つまり、「顧客のニーズを理解することが大切」だということですが、こんなことを言うと多くの企業はきっとこう返すでしょう。

「当社は、『顧客の生の声』を聞いている」

たしかに、真摯に顧客に向き合おうと日々努力されている多くの企業は、日頃から顧客に対して満足度アンケートを実施し、自社製品のユーザーを集めて座談会を開き、時にはユーザーの自宅にまで足を運んで意見を聞くなど、まさに「顧客の生の声」を聞く努力を積み重ねているでしょう。しかし、そのような努力によって得られた「生の声」は、顧客の真の期待や解決したいと願っている問題を本当に正しく表したものなのでしょうか？

たとえば、テレビという製品をイメージしてみましょう。

時代を重ねるごとにテレビは高機能化、多機能化し、その性能は今も進化を続けています。テレビ本体の進化に合わせて、テレビを操作するためのリモコンについても同様に進化しているのですが、皆さんはご自宅にあるテレビリモコンに配置されている数多くのボタンのうち、普段どの程度をお使いですか？　様々な機能が割り当てられた色とりどりのボタンのうち、日常的に使用しているのは半分もないのではないでしょうか。では、なぜメーカー企業はシビアな製造コストや、限られたスペースにうまく配置するための設計の苦労をしながらも、多くのユーザーにとって使われることのない数多くのボタンをつけてしまうのか？　という疑問が浮かびます。

それこそが「顧客の生の声」を集め、そのすべてに応えようとした結果なのです。

極端なことを言うと、日常的に頻繁にテレビを観ている一部のヘビーユーザーにとって本当に便利なリモコンは、必要最小限のボタンだけが配置され、手に馴染む上質な素材でつくられたシンプルなものかもしれません。そのようなリモコンは、一見するとあまりに見慣れたリモコンと違うので多くのユーザーには違和感を与えるものであるかもしれませんが、それを気に入って使うユーザーにとっては「これでなきゃダメなんだ」と感じてもらえるものになる可能性を持っているのです。つまり、すべての「顧客の生の声」に応えるつもりでつくられた製品・サービスは、誰からも嫌われない代わりに、誰からも愛してはもらえないのです。

・あなたにとって、本当の顧客（ユーザー）は誰ですか？
・あなたの顧客は、どんな価値観や期待するゴールを持っていますか？
・あなたの顧客はどのような経験を求めていますか？

皆さんは、このような質問を投げかけられたら迷いなく答えられるでしょうか？

もちろん自信を持って答えられる方もおられるでしょう。しかし、このように正面切って質問されると、自分自身は明確な答えを持っているかと、不安になる方も少なくないのではないでしょうか。それだけ右記の質問はシンプルだけれども難しい問いなのです。

皆さんは、一般的なひとが普段自分が関わっている製品やサービスについて、はっきりと言葉で語ることができるニーズや問題はどの程度あると思いますか？　驚くべきことに、ハーバード大学経営大学院の名誉教授であるジェラルド・ザルトマンの研究によると、たった五％程度なんだそうです（ザルトマン『心脳マーケティング』参照）。つまり、多くのひとは本来自分が持っているであろう欲求や不満のほとんどを、言葉にして説明することができないのです。次の写真を見てください（図表3－1）。

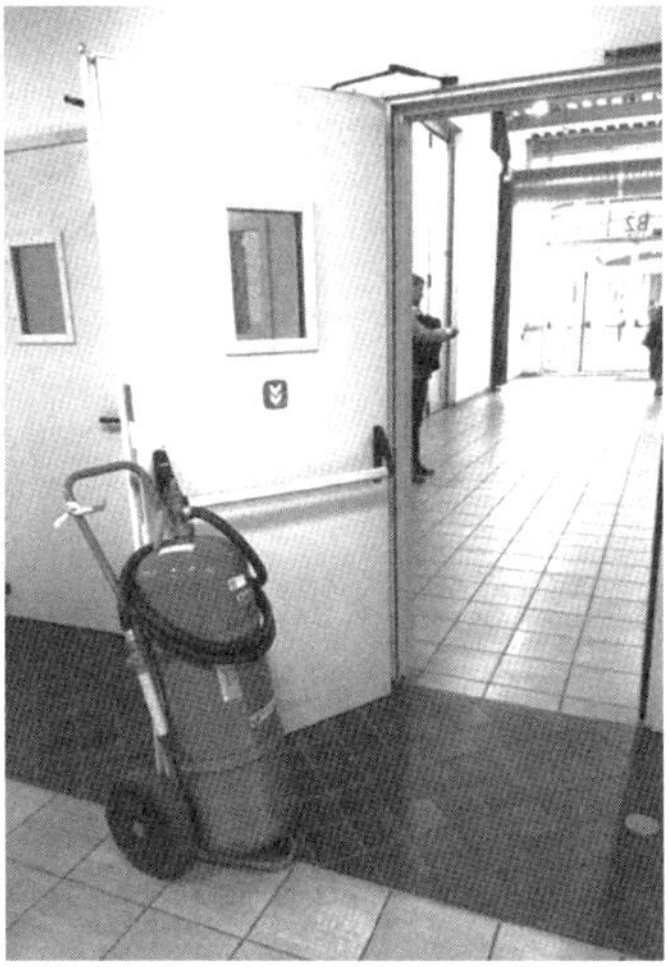

図表3－1　ドアストッパー代わりの巨大消火器（筆者撮影）

これは数年前にわたしが出席したサービスデザインに関する学会の会場で目にした光景です。発表が行われる複数の部屋を行き来する場所に位置するドアが閉まってしまわないように、消火器で止めている様子がおわかりいただけるでしょう。

この消火器は非常に大きいのです

が、大柄なひとが何人も同時にここを往来する時など、体がぶつかってしまうことがあります。そうすると消火器が動いてドアが閉まってしまうのですが、知らぬ間にまた親切な誰かが消火器をもとの位置に戻してドアが開いた状態に固定してくれていました。この状態はおよそ丸一日続いたのですが、実はその間もこのドアのすぐ近くに薄いゴムでできたドアストッパーがずっと置いてあったのです。にもかかわらず、誰も消火器をどけてドアストッパーを差し入れようとはしませんでした（結局、この日の学会終了間際に誰かが消火器とドアストッパーを入れ替えてくれていました）。

この例からわかることは、出席者の多くはこの消火器の存在が邪魔であることを心のどこかで感じていながらも、自分にとって不都合がさほどない今の状態をあえて問題視して解決しようとは考えないということです。つまり、無自覚のうちに本当は存在している問題を受け入れてしまっているのです。このような状態のひとから本当のニーズや問題を引きだし、理解することがどれだけ大変なことか、少しイメージしていただけたのではないでしょうか。

だからこそ、ユーザー自身が自覚できていないニーズや、どこかで自覚しながらも無意識に諦めている問題に切り込んでいくことが、単なる顧客満足を超えた「顧客体験の革新」を生みだす道筋になるのです。

そのような「顧客体験の革新」の根底にあるのは、「なぜその製品やサービスが好きなのか？」「なぜ毎回同じブランドを選んでしまうのか？」と聞かれても、ユーザーがその理由を簡単には答えられない自らにとって価値のある「意味」です。従来の製品・サービスの改善だけでなく、新たな視点で顧客にとって重要で価値のある「意味」を見つけるところそが、革新的な製品やサービス、そしてビジネスを発想するヒントをもたらしてくれるのです。

では、どのようにしてこれらの質問に対する答えを見つけていけばいいのでしょうか？

もし、わたしたちがスティーヴ・ジョブズのような天才的な発想を持っているならば、自らの信念と、来たるべき未来を予測するようなひらめきに従って画期的な製品やサービスを発想できるかもしれませんが、イノベーションの神様は万人にそのような才能を授けてくれているわけではありません。そこで、わたしたちがまず取り組むべきことは、地道なリサーチ活動によって丁寧に顧客を理解し、自分たちが提案すべき価値とはなにかについての可能性を見つけることなのです。

なにを、どのように知るか？

――目的に応じたリサーチ手法の選定

一口に顧客理解のためのリサーチを実施すると言っても様々な目的と期待があると思います。たとえば、「現在すでに市場において提供している製品やサービスに関する満足度を知りたい」という目的もあれば、「今はまだない画期的な製品やサービスを開発するためのヒントを得たい」といったものもあるでしょう。前者の場合であれば、仮説を立てたうえで満足度の段階を問うアンケートを顧客に回答してもらうことで、必要な情報を得られる可能性が高いです。

しかし、後者のような「今はまだない」製品やサービスを考えるためにヒントを得たい場合には、アンケートでは期待する情報を得ることは難しいでしょう。なぜなら、一般的な消費者の多くは、自分が経験したことがない製品やテーマについて具体的に想像することができないからです。このように、「顧客やユーザーについてなにを理解したいか？」という調査目的によって、使うべきリサーチ方法は異なります（拙論「定性調査と定量調査の違いとは？」参照)。

顧客やユーザーを理解するためのリサーチを設計するうえで、明確化しておくべき重要なポイントは、

・ユーザーのニーズをどのレベルで知るか？
・そのニーズをどのように知るか？

の二点が挙げられます。

「ユーザーニーズのレベル」には二つのレベルがあります。一つはユーザーもしくは企業が自覚している「顕在」的なニーズ。もう一つはユーザー自身も自覚していない「潜在」的なニーズです。顕在レベルのニーズについてはある程度わかっていることがあるので、「それがどのようなものか？」「その理解は正しいか？」を確かめて検証することが求められます。逆に、潜在レベルのニーズはユーザー自身が「なにがわからないか、すらわかっていない」ので、正解を探すというよりは、いろいろな視点から可能性やヒントを探りだす必要があります。

	潜在レベル 発見型	顕在レベル 検証型
定性調査	**A** **潜在レベル × 定性調査** 潜在レベルのユーザーニーズを 定性的な視点で発見する	**C** **顕在レベル × 定性調査** 顕在レベルのユーザーニーズを 定性的な視点で仮説・検証する
定量調査	**B** **潜在レベル × 定量調査** 潜在レベルのユーザーニーズを 定量的なデータを使って発見する	**D** **顕在レベル × 定量調査** 顕在レベルのユーザーニーズを 定量的なデータを使って仮説・検証する

図表3－2　調査目的によるリサーチ領域の分類イメージ（筆者作成）

それらのニーズを「どのように知るか」についても同じく二つの扱い方があります。最終的に数値化して分析可能な状態で「定量的」に調査するのか？　それとも、数値化できるデータではなく、ひとの考えや感情を行動や発言といった質的な情報から探るような「定性的」な方法を用いるか？　という視点です。それぞれ二つの対比要素を持っているこれらの視点を整理すると、次のように四つに分類できます（図表3－2）。

A　潜在レベル×定性調査
B　潜在レベル×定量調査
C　顕在レベル×定性調査
D　顕在レベル×定量調査

つまり、ユーザー理解のためのリサーチを考える際にもっとも大切な最初のステップは、「なんの目的でリサーチを行うか?」という目的を明確に定めることなのです。自分自身で、意図を持った「問い」を立てるということです。ですので、「広く世の中のすべてのひとのニーズを知りたい」といった漠然とした「問い」だと、後で苦労することになります。

次に具体的なリサーチ手法に目を向けてみましょう。マーケティングリサーチにおいて比較的よく用いられるリサーチ手法には下記のようなものがあります。

- ・アンケート調査
- ・フォーカスグループインタビュー(FGI)
- ・ユーザビリティテスト
- ・エキスパートレビュー(ヒューリスティック評価)
- ・デプスインタビュー
- ・行動観察

・評価グリッド法
・コラージュ法
・文章完成法
・フォトダイアリー
・ジェネレイティブリサーチ
・リードユーザーリサーチ
・データマイニング
・レスポンスレイテンシー

初めて耳にするものもあれば、アンケートやＦＧＩなどは皆さんにとって馴染みがあるかもしれません。これらの様々なリサーチ手法をさきほどの四つの分類に当てはめてみると、図のようになります（図表3－3）。

ここで大切なことは、ひとつひとつのリサーチ手法に優劣があるわけではないということ、そして、調査の目的によって適切なリサーチ手法を選ぶということです。本書はリサーチ手法の解説を専門的に扱うことがテーマではありませんので、それぞれの手法につい

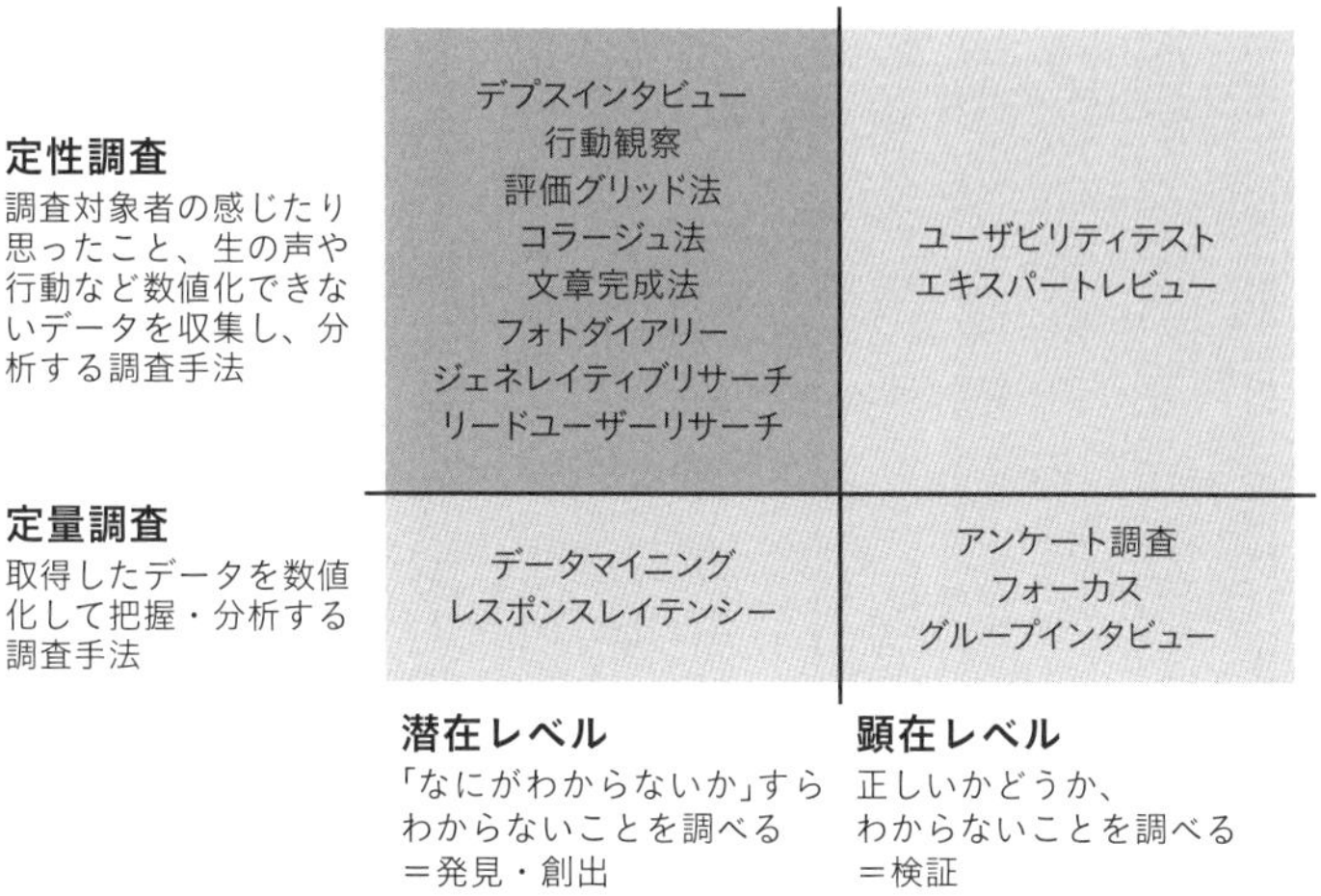

図表3－3　リサーチ領域の4分類に様々なリサーチ手法をマッピングしたもの（筆者作成）

ての詳細な説明は割愛しますが、皆さんが今後新しい製品やサービスを考えるために役立てていただきやすい実用的な手法に絞ってわかりやすく紹介したいと思います。

さきほどの四つの分類のうち「A潜在レベル×定性調査」にスポットライトを当てます。四つの領域の中でもAに注目をする理由は、この領域にこそ「ユーザー自身が気づいていないニーズ」だけでなく、顧客の「まだニーズになっていないけれども、いつかニーズになりうる欲求」を探索する可能性が潜んでいるからです。

A領域のリサーチは、確証性のあるデ

ータや根拠をもとに一つの「現在の正解」を見つけるのではなく、様々なヒントを集めることで多様な「未来の可能性」を見出すことを助けてくれます。それによって、過去の延長線上にはない、新しい価値を生みだす製品やサービスを考えることができるのです。このようなリサーチは、「デザインリサーチ」と呼ばれ、伝統的なマーケティングリサーチと比べて特徴的な点があります（図表3－4）。

この対比図を見るとわかるように、従来の伝統的なマーケティングリサーチが「正確な情報」を重視し、過去の延長線上に起こりうる未来を順当に予測しようとするフォアキャスト型のアプローチであるのに対して、デザインリサーチは「様々な可能性や、多様な解釈から生まれるインスピレーション」を重視し、想像力をフルに使って未来を考え、その未来が実現されるためになにが必要かを考えようとするバックキャスト型のアプローチだと言えます。

過去に起きた出来事やデータから未来を予測できた時代にはフォアキャスト型思考の方が効率よく正解を導きやすかったのですが、技術の進化スピードが高速化し、これまでは不変だと思われていた規範や道徳をも含む社会の価値観すら激しく変化するため、一年先のことすら予測できなくなるこれからの時代には、正解がない中でも様々な可能性を探索

伝統的なマーケティングリサーチ	デザインリサーチ
INFORMATION	INSPIRATION
過去の延長に未来をみる	想像力を使って未来を考える
正確さ、信頼性、妥当性を重視	意味、つながり、驚きを重視
人工的なセッティング	実際の状況
整えられたデータ	生のデータ
ユーザーが記憶している行動	実際のユーザーの行動
表面的な顧客の好み・意見	無意識を含む顧客の経験
想定範囲にフォーカス	新しい機会にフォーカス
クローズエンドな質問	オープンエンドな対話
分断されたリサーチチーム	統合的な開発チーム
グラフや説明文	ビジュアルイメージやストーリー

図表3－4　伝統的なマーケティングリサーチとデザインリサーチの違い
（筆者作成）

することで未来を考えるバックキャスト型思考の必要性が高まっています。そのようなバックキャスト型思考の出発点となるのが、デザインリサーチから得られる「発見」や「インスピレーション」なのです。

本書では、数あるデザインリサーチ手法の中でもサービスデザインにおいて実用的に使える代表的なものとして、

・デプスインタビュー
・行動観察

の、二つの手法を、続く章で紹介したいと思います。

コラム3

フォーカスグループインタビューの落とし穴？

さきほどの図表3-3でリサーチ領域を四つに区分したマトリクスの中に様々なリサーチ手法をマッピングしましたが、その中でフォーカスグループインタビュー（以下ＦＧＩ）が「顕在レベル×定量調査」象限に入っているのを見て、違和感を感じた方もおられるかと思います。ＦＧＩは、複数名の調査協力者を会議室などにお招きして、モデレーターと呼ばれる司会者が質問を投げかけたり、商品サンプルを見せたりしながら意見や感想などを発言していただく調査形式ですので、一見すると消費者の隠されたニーズや問題を引きだしながらニーズを深堀りする「潜在レベル×定性調査」象限のリサーチ方法に思えるかもしれません。たしかにＦＧＩでは調査側が想定もしていなかった新奇性の高い意見が得られることもあるのですが、どんなＦＧＩの現場でも調査開始後に遅かれ早かれ訪れるある瞬間があります。それは、参加者から「さっき○○さんがおっしゃったことと似ているんですけど……」や「△△さんのお考えと基本は同じで……」などのような言葉が発言の随所に現れ始める状況です。ひとは他者との関係性の中で生きていますから、複数の（そして大抵は初対面の）ひとが集まって対話する状況では、大なり小なり「同調圧力」が発生します。

つまり、意図的であれ、無意識であれ、誰かがオピニオンリーダーになってしまうのです。そのような状況の中では、個人に特有の価値観や考え方を引きだすことは難しくなるため、状況を察知したモデレーターは早々に「探索」のフェーズから「検証」のフェーズにＦＧＩの時間の使い方を切り替えることで最大限調査を有益なものにする工夫をします。

これが、ＦＧＩを「潜在レベル×定性調査」象限ではなく、「顕在レベル×定量調査」象限にマッピングした理由です。もちろん、図ではわかりやすくするためにあえて極端に分類している点はありますが、混同されがちな調査手法ごとの特色を理解する参考にしてみてください。

本章のポイント

☑ 一般的な消費者や顧客は自身が本当に欲するものを自覚して言葉で説明できないため、「顧客の生の声」に耳を傾ける場合には適切な調査方法を用いる必要がある。

☑ ユーザー中心発想で製品・サービスを考える際には下記三点を明確にする。
- あなたにとって、本当の顧客(ユーザー)は誰か?
- あなたの顧客は、どんな価値観や期待するゴールを持っているか?
- あなたの顧客はどのような経験を求めているか?

☑ 目的に応じて、適切な調査領域と調査方法を用いることが重要となる。特に、新しい製品・サービスについてのヒントを見つけようとする場合には、顧客の潜在レベルのニーズを定性的な調査方法を用いて探索するようなアプローチが有効である(そのような調査を「デザインリサーチ」と呼ぶ)。

第4章

顧客の「心の声」を引きだすためのリサーチ手法

対話によって顧客の心の声を引きだす「デプスインタビュー」

まず、デプスインタビューから始めましょう。

デプスインタビューとは、

熟達した面接者が特殊な質問技法を用いることで、調査対象者の発言や行動の裏側にある思考や感情を掘り下げ、それらの考えを持つに至った経緯やさらに背後に存在する「心の声」をユーザー自身に語ってもらうための対話によるリサーチ

のことです。インタビュー（interview）という英単語を分解すると、interとviewという二つに分かれます。つまり、インタビューとはユーザー自身の内なる（inter）世界（view）を、言葉を媒介として外に引きだす行為なのです。

インタビューは主にリサーチャー（インタビュアー）の質問によって進められますが、ど

のような質問を、どのように行うかが重要になります。

インタビュー調査の組み立て方には大きく分けて、

・構造的質問
・半構造的質問

の二つがあります。

構造的質問とは、インタビュー対象者から聞き出したいことや確認したいことをあらかじめ明確に整理したうえで、順を追って聞いていくようなスタイルです。主に、すでにある仮説を確認・検証するタイプの調査に向いていて、質問は主に「はい」「いいえ」や、質問者が提示する選択肢を選んでもらうなどのクローズドエンドなものになることが多いです（インタビュー対象者のことを「インタビュイー」と呼んだり、情報提供者という意味を持つ「インフォーマント」という呼び方をします。本書では以下統一して「インフォーマント」と表記します）。

それに対して半構造的質問とは、リサーチを通して理解したいことなどの調査目的は明確に設定するものの、インフォーマントに考えてもらうことを促すオープンエンドな質問

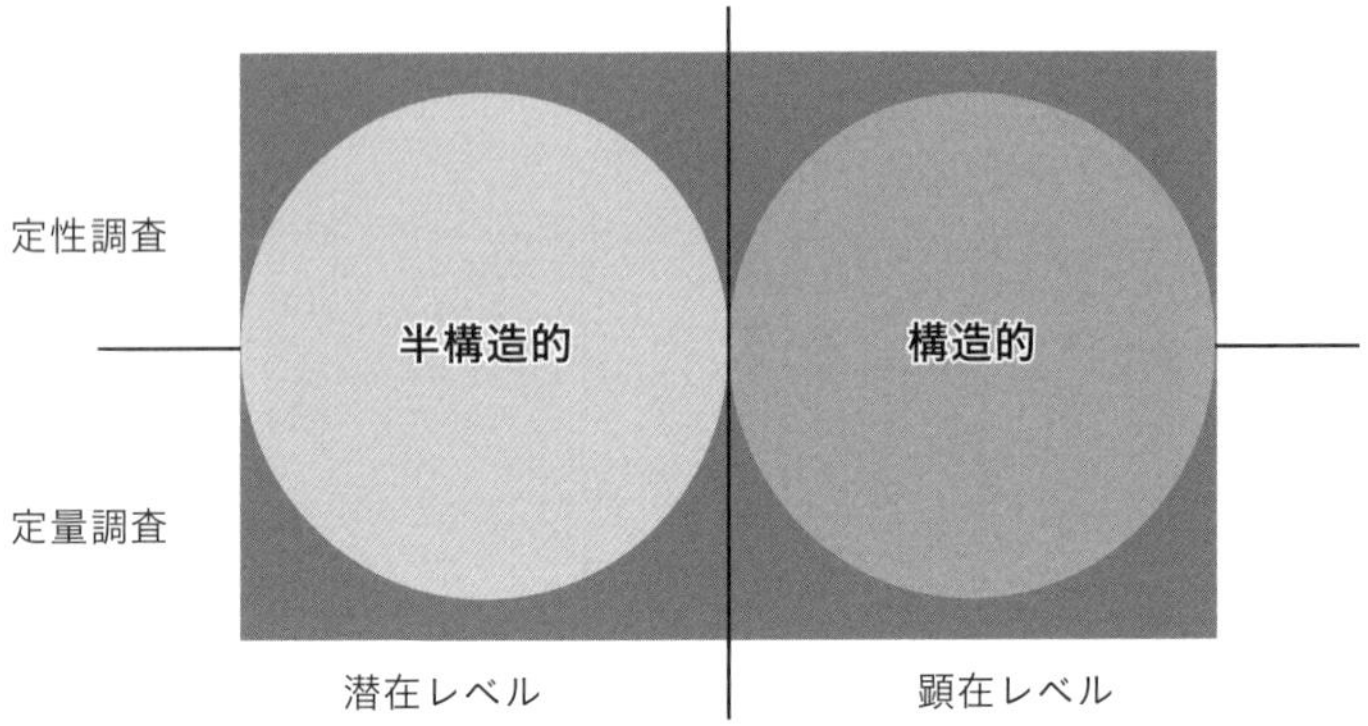

図表4−1　インタビューの２タイプが得意とする調査領域のイメージ
（筆者作成）

を主に使い、質問の順序もあらかじめきっちりとは決めずに相手が話したいと感じたことを尊重して対話の流れに身を任せるスタイルの調査です。

これら二つのタイプのインタビューが得意とする領域を、前章で四分類したリサーチ領域のマトリクス（図表３−３）に当てはめると次のようになります（図表４−１）。

本書で焦点を当てるデザインリサーチは、図で言うと左上の発見を重視する領域を重視しますので、半構造的な考え方でインタビューを組み立てていく方法を説明していきましょう。

デプスインタビューにおいて、インタビュアーの役割はもちろん質問することですが、実は質問すること以外にも重要な役割があります。それは、

・場づくり
・舵取り
・掘り下げ

の三つです。

「場づくり」とは、インタビューする側とされる側が互いに信頼しあい、遠慮や気兼ねのないリラックスした状態で心を開いて語り合える関係と、それが可能な空間（場）をなるべく早い段階でつくり、インタビューが終わる時点までその場を維持することです。クオリティの高いインタビューを行うためには、巧みな質問テクニック以上に、インフォーマントが心を開いて本音で語れる環境と信頼関係を築けているかがなにより重要なのです。

「舵取り」は、半構造的なインタビューに欠かせないスキルです。デプスインタビューでは、インタビュアーが聞きたいことを聞く以上に、インフォーマントが話したいことをどんどん話してもらうことに重きを置きます。つまり、インタビュアーの本当の役目は「本当に話したかったこと」をインフォーマント自身が見つけ、言葉がどんどん溢れてくる状態にしてあげること。そのために、インフォーマントが考えるきっかけや、話題の転換、寄り道しすぎた場合に本筋に話を戻してあげる、などの「舵取り」を現場の状況に応じて臨機応変に行うことが求められます。

「掘り下げ」は、まさにデプスインタビューの真骨頂です。一般的なひとは、インタビュアーの質問に対してついつい表面的な意見や考えを述べてしまいがちになります。なぜならば、多くの一般的な生活者は、さほど強い意図や興味を持って関わってはいない製品・サービスについては深く考えたことがないので、自身が自覚できている表面的な問題についてしか言葉にできないからです。インタビュアーはそういった表層的で自覚的な言葉に満足せずに、それらの言葉の裏側にある「心の声」やそういった意見をもつに至った過去の経験、これまでの経緯など、相手の深層心理を少しずつ深掘りしていく必要があります。たとえて言うなら、相手の言葉の奥深くにある「光る原石」を手探りで見つけていく宝探しのような作業がデプスインタビューなのです。

デプスインタビューの一〇のポイント

デプスインタビューについてのノウハウやテクニックは多岐にわたりますが、皆さんがすぐに試せる一〇のポイントにまとめてみました。

1 探索するテーマを明確に定める
2 良いムードと信頼関係が成否のカギを握る
3 相手を間違ったひとにしない
4 誘導しない
5 生活者はニーズを語るプロではない
6 顧客に弟子入りしよう
7 ひとはウソをつく
8 「なぜ?」を繰り返して掘り下げる

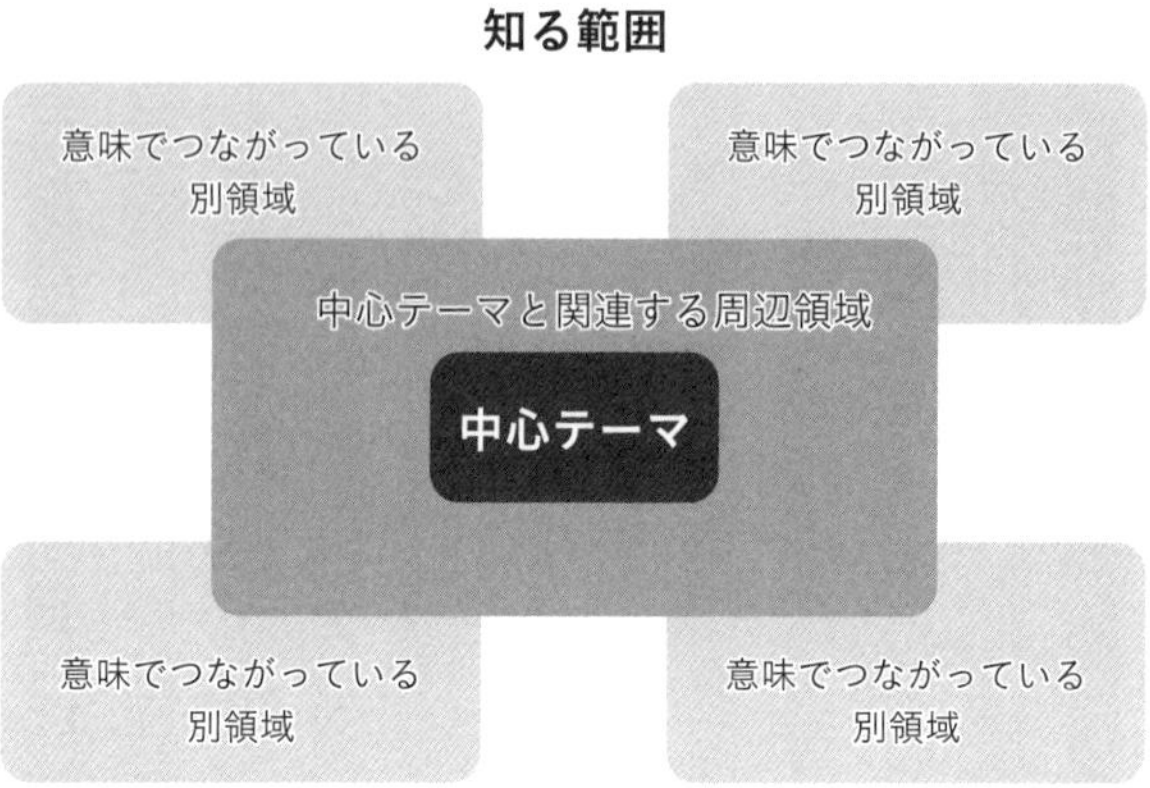

図表4−2　知る範囲を広く捉えるイメージ（筆者作成）

9「過去〜現在〜未来」を聞く
10 百聞は一見に如かず

それぞれ、順に説明していきましょう。

1 探索するテーマを明確に定める

まず、インタビューする内容を組み立てる際に注意すべきことは、探索するテーマの範囲と幅を明確に設定することです（図表4−2）。

たとえば、「健康」をテーマにして新しい製品やサービスを考えるためのヒントを得ようとする場合、単に「健康」と言ってはあまりにも領域が広すぎます。「健康」というテーマの中でも、どのような領域まで探索する範囲を拡げるのか？探索する「幅」と「深さ」を決める必要があります。「健康」に関連しそうな周辺要素（「食」「生活習慣」「運動」「メンタルヘルス」「ウェルビーイング」「労働環境」など）を分解してみて、どの領域までを視野に入れて探索するかを決めていく作業が必要となるのです。

あわせて、取り扱おうとしているテーマとは一見無関係に見えるけれども、なにかしらの「意味」でつながっていそうな他領域まで視野を拡げたり、あえて扱わないものについても決めることで、理解したいテーマについて固定観念に縛られずに広く深い探索をしやすくなります。

2 良いムードと信頼関係が成否のカギを握る

さきほど、インタビュアーの重要な役割の一つに「場づくり」を挙げましたが、リサーチにおける「場のムード」は非常に重要です。

いくら上手に質問できても、インフォーマントとの信頼関係が不十分であったり、場のムードがリラックスできていない場合、相手は本音を話してはくれません。普段から仲の良い友人同士であるならまだしも、プロジェクトの中で行う場合、インタビュアーとインフォーマントはその日初めて会う関係であることがほとんどです。

その中で少しでも本音を引きだすためには、インタビュアーは相手に「このひとは敵ではない」「このひとになら気兼ねなく思ったことを話しても不利益はなさそう」という安心感を与え、インタビューが終わるまでその関係性を継続させることが求められます。

3　相手を間違ったひとにしない

インフォーマントとの信頼関係を築くためには、相手に緊張感や警戒心を与える発言は極力控えましょう。たとえば、「でも」や「しかし」のように相手を否定するニュアンスを含んだ言葉です。

わたしたちの普段の会話において「でも」や「しかし」は、必ずしも相手の発言や意見を否定する目的ではなく、場つなぎや話題転換を目的に使われることも少なくありません。とはいえ、頻繁に「でも」「しかし」が投げかけられると、「あれ？　うまく言いたいことを伝えられていないのかな？」というように自分の発言に不安を感じ始めることがあるのです。

このような心理状況では、気兼ねなく思うがままに表現したり、このひとならきっとわかってくれるだろう、という安心感の中で感じたままの気持ちや考えを話してもらうことが難しくなります。正解でなく可能性を探索するためには、インフォーマントを「間違ったひと」にしないように心がけましょう。

4　誘導しない

「なにがわからないかすらわからない」ことを探索するデプスインタビューにおいて、インタビュアーは不安を感じてしまうことも多いでしょう。

なぜならば、「今回のインタビューで得られる発言や情報は、はたしてヒントを得るための役に立つのだろうか？」の保証がない中で調査に臨まなければならないからです。

そういった不安の中では、ついつい自分の中にある仮説（場合によっては「思い込み」）を裏付けてくれるような発言や、すぐに使えるヒントにつながりそうな「美味しい」エピソードを語ってもらうために誘導的な質問をしようという誘惑に駆られることもあります。

しかし、誘導的な質問から得られた発言は、一見なにか重要なことを含んでいそうでいて、実のところ調査する側の「こうあってほしい」仮説を裏付けるだけにしかならない場合も少なくないのです。

5　生活者はニーズを語るプロではない

　ある特定の関心にこだわりを持っていたり非常に精通した知識を持っているひとは別として、一般的なひとは自分自身が日頃さほど強い思い入れを持たずに接している製品やテーマに関するニーズを、具体的な言葉で語れないことは以前にも書きました。そのうえ、意識せずに使用している製品やサービスに少々面倒や不便な点があっても、「そういうものだ」と自分に言い聞かせて無意識のうちに考えないようにしている場合も少なくありません。

　にもかかわらず、調査する側はついつい「正しく聞けば、正しく答えてくれる」と思い込みがちです。わかりやすく整理されていないインフォーマントの生の言葉や行動の中から「光る原石」を探すことによって、相手が語らなかった潜在的なニーズや欲求を見つけだすのがわたしたちの役目だということを忘れないようにしましょう。

6　顧客に弟子入りしよう

　一般的なひとの多くは、自分が普段考えていることや自らの行動をきちんと言語化できません。そのような場合には、インタビュアーはインフォーマントに普段どおりの行動を再現してもらいながら気づいたことを質問して、教えてもらうことも有益な手法の一つです。

この手法は、インフォーマントを師匠や親方に見立てて、その姿を見ることで学ぶイメージから、「師匠と弟子モデル」と呼ばれています。たとえば「カレーをつくる」という行動一つとっても、ひとそれぞれ千差万別でしょう。一見誰もが同じような手順で行うように思えるカレーづくりという行動ですら数多くの要素から構成されていて、ひとによって手順や作法も異なるのです。

インタビュアーはインフォーマントの行動やその際に発せられる発言をつぶさに観察し、先入観を捨てて「気づき」を集める。そして、師匠から学ぶ中でひとつひとつの行動に秘められた背景についての理解を深めることができます。

7 ひとはウソをつく

自分にとって恥ずかしいと無意識に感じていることや、あまりひとに知られたくないことは、誰だって他人に話したくないですよね？　そういう時、ひとは無意識に自分を守るために悪意のない「うそ」をつきます。

例として、ある女性にインタビューするためにその方のご自宅を訪問することをイメージしてください。リビングやキッチンはとても整頓されていて、小さいお子さんがいるとは思えないくらい余計なモノがない状態。インタビュアーの「モノを選ぶ際に重要視することはなんですか？」という質問に対して、その女性は「本当に気に入った、最小限のモノだけに囲まれて暮らしたいので、余計なモノは一切買わないようにしています。シンプルな生活が好きなんです」と答えました。目に入る環境から推察するとその考えにはウソはなく真実だ、と思えることでしょう。

ところが、インタビューの途中でお住まいの様子を拝見するためにリビング以外の場所も案内してもらっている際、ふと通りがかった部屋のドアの隙間から100円均一グッズが散乱している光景を目にしたとしたら、さきほどの女性はウソをついていると言えるでしょうか？

もちろん意図的にウソをついている場合もないとは限りませんが、ひょっとしたら本当にムダなものを買わないシンプルな暮らしを切望し、心がけているにもかかわらず、時折ムダなものを買ってしまう自分の行動に罪の意識を感じていて、「そうありたい自分」をいつの間にか本当の自分であるかのように信じ込んでしまっている可能性もあります。

もしそうだとしたら、その葛藤を解消するためになにができるかという問いは、わたしたちにとって新しい視点で解決のためのアイデアを考えるきっかけにもなるのです。

8 「なぜ？」を繰り返して掘り下げる

トヨタ自動車が、「カイゼン活動」の一環として製造ラインで発生するトラブルの背後にある本質的な問題を掘り下げるために用いている「なぜ？」を五回繰り返す「なぜなぜ分析（5Whys）」はよく知られています。

多くのひとはある製品などのニーズや問題を語る際、自覚できている表面的なことを語りがちです。たとえば、「ノートパソコンはどうあってほしいですか？」と聞かれると、「軽くて持ち運びに便利なものがいいです」と答えるような感じです。そのような場合に、「なぜ、軽くて持ち運びに便利なのがいいのですか？」と質問すると、インフォーマントはようやく、理由を考え始めるのです。

「重いと持ち運ぶのが面倒で、ついついオフィスにパソコンを置きっぱなしにしてしまうからです」という答えが返ってきたとしましょう。そうすると再び、「では、なぜオフィスにパソコンを置きっぱなしにすると良くないのですか？」となぜを繰り返してみてください。

そのひとは「うーん。常にパソコンを携帯していないと、出先で急に見積書や企画資料を作成しないといけなくなった場合に対応できなくなるからです」と答えるかもしれません。そこでさらに、「なぜ、出先で急な仕事の対応ができないと困るのですか？」と繰り返していくと、四〜五回目の「なぜ」の段階で「出先での急な業務に迅速に対応することでビジネスチャンスを逃したくない」という、おそらくそのひとにとってより本質的なニーズにたどり着くことができます。ここで誤解してほしくないのは、「なぜ」を繰り返して、ひたすら掘り下げていくことが重要ではない、ということです。どうしてかと言うと、「なぜ」をひたすら繰り返すと多くの場合、どんな問題であっても行き着く先はあまり違いのない普遍的なニーズや問題に集約されてしまうからです。

たとえば「不安なく、安全に生きたい」や「自己実現をしたい」などといった、どんなテーマについても当てはまる、人間にとって共通の根源的な願いのようなものになってしまいます。「なぜ」を使うことでニーズや問題を掘り下げることは重要ではありますが、探索しようとしているテーマによって掘り下げるべき適切な程度があるのです。

9 「過去〜現在〜未来」を聞く

さきほどの「なぜ」がタテに「深さ」を掘り下げていくテクニックだとしたら、ヨコ方向に幅を拡げていく質問テクニックが時間軸を拡げる方法です。多くのインフォーマントはニーズや課題を問われると「現在」のニーズや課題を語りがちです。そのような場合に、「過去」と「未来」に視点をずらして考えてもらうきっかけを投げかけることで、考えを巡らせる視野に広がりを生むことができます。

たとえば、さきほどの「なぜ」の時の例と同様に、「ノートパソコンになにを期待しますか?」という質問をするシーンをイメージしてみましょう。「軽くて持ち運びに便利なものがいいです」と答えるインフォーマントに対して、「いつ頃からそのように考えるようになったのですか?」のように質問を重ねるのが「過去」に視点をスライドさせる方法です。「軽くて持ち運びに便利だと、どんな良いことが起こると思いますか?」のような質問が「未来」へ視点をスライドさせる方法なのです。

「過去」に視点を移すと、以前使っていたパソコンが「軽くて持ち運びが便利」でなかったことによって痛い失敗をしてしまった出来事を引きだせるかもしれないし、「未来」に視点を飛ばしてもらうことによって「軽くて持ち運びが便利」であることで結果として得ることを期待している将来的なメリットを知ることが可能になる場合があります。

このテクニックは、さきほどの「なぜ」による掘り下げテクニックとあわせて使うとより効果的です。

10　百聞は一見に如かず

デプスインタビューは、事前のテーマ設定から質問の設計、そしてインフォーマントをリクルーティングしたうえで実際にご自宅などの現場に足を運んでインタビューを実施する、とても手間と時間がかかるリサーチ方法です。そのため、そんな手間を省くために、自社の会議室に来てもらって話を聞いても、結果的に得られる情報には大きな差はないのではないか、と考えるひともいるかもしれません。

しかし、現場で行うデプスインタビューとそうでない環境（自社の会議室など）で行うデプスインタビューでは、決定的な違いがあります。それは、非言語情報が集められるか否か、という点です。インフォーマント自身も気づいていないレベルの考えやニーズを探索する際に、会話によって得られる言語情報以上に豊かなヒントをもたらしてくれるものは、自宅の様子や持ち物、部屋に置いてある雑誌や暮らしぶりなど、目に飛び込んでくるすべての「非言語情報」なのです。

このような、インフォーマントの「素の自分」や、探索したいテーマとリアルに関わっている「非言語情報」は、リサーチルームや自社の会議室には存在しません。つくられた環境での調査からは、つくられた情報しか得られないのです。「なにがわからないかすらわからないこと」を少しでもわかろうとするならば、現場に足を運び、目に見えるもの、語られる言葉、現場の状況など、すべての情報に身を委ねることから始めてみましょう。

目の前の状況から発見を集める「行動観察」

デプスインタビューは主に言語情報によって探索するための調査方法ですが、非言語情報を使うリサーチとして「行動観察」というものもあります。

行動観察とは、文字どおり調査対象者の行動や状況を観察することで一次情報を収集する調査方法のことで、最近では主にマーケティングの領域などで活用されています。店舗の陳列棚に並べられた商品に対する消費者の反応や店内での行動パターンを分析することで店舗設計の改良計画を立てる、などのようなケースですが、この行動観察のルーツは人類学や民族誌学にあります。

たとえば、民族学者が、文化や行動様式が解明されていない部族と生活をともにすることで、一定の行動パターンや特徴的な状況の解釈によって、その部族の生活習慣や文化様式を見出す研究分野のことをエスノグラフィ（民族誌学）と呼びます。そして、このエスノグラフィの調査技法を、ビジネスや製品の開発に使いやすく応用したものが、サービスデザインにおけるデザインリサーチで用いられる行動観察なのです。

行動観察でもっとも重要なことは、「ただ単に、見ること」です。そんなこと当たり前のことじゃないか、と思われるかもしれませんが、先入観を捨てて目の前で起きていることをありのままに受け入れて「見る」ことは決して簡単なことではないのです。なぜならひとは、経験を重ねるにつれて理解できることが多くなる反面、以前は新鮮に見えていたものや新たな発見が失われていく（減っていく）生き物だからです（図表4－3）。

本来、目には情報として入ってきているのに、経験によって得られた「理解」が無意識に頭の中で見るべきものと、見なくてもよいものとに分けてしまいます。つまり、正しく

図表4－3　理解と発見の関係性（筆者作成）

観察するためには、見るべきポイントを定め、意図的にあるがままを見る訓練を積むことが必要です。

そこで、観察する視点を整理するために左記のような観察ポイントを設けるとよいでしょう。

・誰が、どこで、なにをしているか？
・観察対象の状況や環境はどうなっているか？
・主体者の他に誰かいるか？
・調査対象者と他のひと、周りの人工物とはどう関わり合っているか？

これらを観察し、観察された情報を時系列で記録していくことで、行動観察がやりやすくなります（図表4－4）。

観察によって得られた一次情報は、観察の現場では解釈を行わず、現場メモとしてテキストや写真、ビデオによる画像・映像として記録することに徹することも重要なポイントです。そして調査終了後、情報のデータ化をしたうえで分析やパターン発見を行うのがよいでしょう。

現場で解釈を行わないことの理由は、先入観や思考バイアスを極力排除し、すべてのデータが揃った状態で解釈作業を行った方が、より俯瞰的に状況の分析と解釈がやりやすくなるからです。

行動観察には大きく分けて、観察者自身が観察する環境や観察される対象者と関わりながら行う「参与観察」と、観察者の存在を観察される対象者には意識させず、観察する環境に関わらないように行う「非参与観察」の二つのパターンがあります。

参与観察の例としては、病院内での患者の体験を理解するために、待合室で待っている患者に話しかけて対話しながら行動を観察するケースが挙げられます。また、非参与観察の例には、家電量販店の店舗内の顧客体験を知るために、観察者自身が一般客のフリをして店頭に立ち、他の客や場合によってはスタッフにも悟られないように気配を消しながら観察を行うケースが挙げられます。これらの実施パターンに加えて、直接現場に観察者が出向かずにビデオカメラを設置し、録画データを回収して後から分析するような方法も用いられます。

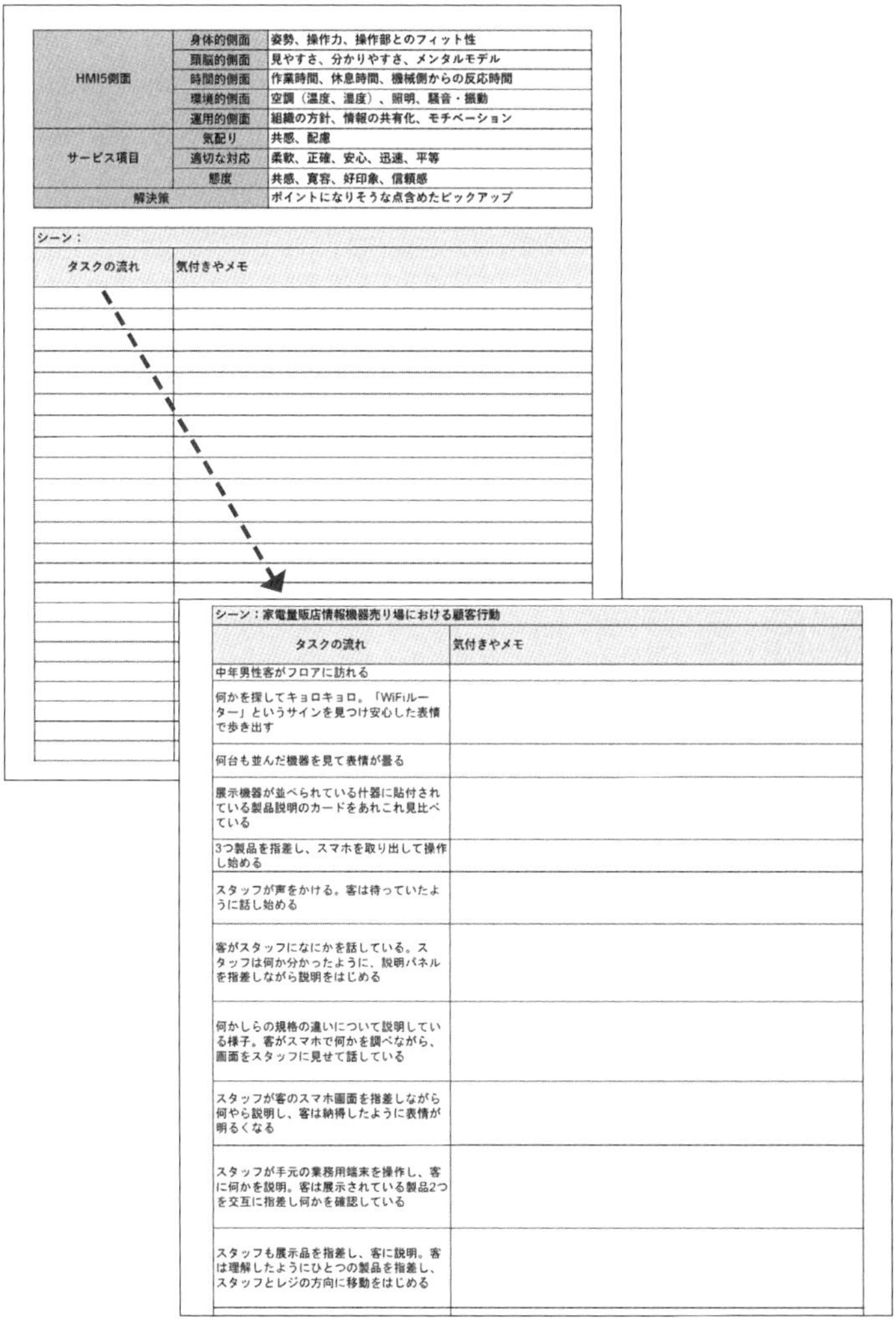

HMI5側面	身体的側面	姿勢、操作力、操作部とのフィット性
	頭脳的側面	見やすさ、分かりやすさ、メンタルモデル
	時間的側面	作業時間、休息時間、機械側からの反応時間
	環境的側面	空調（温度、湿度）、照明、騒音・振動
	運用的側面	組織の方針、情報の共有化、モチベーション
サービス項目	気配り	共感、配慮
	適切な対応	柔軟、正確、安心、迅速、平等
	態度	共感、寛容、好印象、信頼感
解決策		ポイントになりそうな点含めたピックアップ

シーン：

タスクの流れ	気付きやメモ

シーン：家電量販店情報機器売り場における顧客行動

タスクの流れ	気付きやメモ
中年男性客がフロアに訪れる	
何かを探してキョロキョロ。「WiFiルーター」というサインを見つけ安心した表情で歩き出す	
何台も並んだ機器を見て表情が曇る	
展示機器が並べられている什器に貼付されている製品説明のカードをあれこれ見比べている	
3つ製品を指差し、スマホを取り出して操作し始める	
スタッフが声をかける。客は待っていたように話し始める	
客がスタッフになにかを話している。スタッフは何か分かったように、説明パネルを指差しながら説明をはじめる	
何かしらの規格の違いについて説明している様子。客がスマホで何かを調べながら、画面をスタッフに見せて話している	
スタッフが客のスマホ画面を指差しながら何やら説明し、客は納得したように表情が明るくなる	
スタッフが手元の業務用端末を操作し、客に何かを説明。客は展示されている製品2つを交互に指差し何かを確認している	
スタッフも展示品を指差し、客に説明。客は理解したようにひとつの製品を指差し、スタッフとレジの方向に移動をはじめる	

図表4－4　行動観察調査の記録フォーマットの一例（筆者作成）

皆さんが行動観察を行う際には、調査の目的によって適切な実施方法を考えてみるとよいでしょう。

本章では、様々なデザインリサーチの手法の中で、主に言語情報を活用する「デプスインタビュー」、そして非言語情報を活用する「行動観察」の二つのリサーチ手法を紹介しました。これらの手法は少し練習をすれば誰でも実践できる方法ですので、ぜひ試してみてください。

次の章では、デプスインタビューや行動観察によって得られた質的な一次情報を分析、解釈する方法について説明していきましょう。

本章のポイント

☑ 顧客の「心の声」を引きだすための実践的で試しやすい調査方法として、以下の二つの手法が有効である。

・デプスインタビュー

・行動観察

☑ 正解がわからないような探索的な調査テーマを扱う場合には、中心となるテーマ（例:「クルマ」「調理家電」など）だけでなく、視野を拡げるような周辺領域（例:「移動」「時間の有効活用」「家事と趣味の両立」「家族関係」など）、さらには一見中心テーマと関係ないように見えるが「意味」でつながっている分野外領域（例:「都市生活と社会性」「多拠点生活」「家族観とアイデンティティの変化」など）にも探索対象を拡げ、重要と考える調査範囲を意図的に設定することが重要である。

第5章

隠されたニーズからインサイトを導きだす

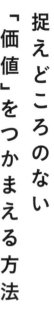

捉えどころのない「価値」をつかまえる方法

第4章で学んだ「デプスインタビュー」や「行動観察」を使ったデザインリサーチを行うことで、たくさんの発見や気づきを得られることが理解していただけたと思います。既存の製品やサービスの利用状況一つとっても「ユーザーは実際にはこのような使い方をするのか！」「作り手の思惑とは違った困りごとがあるんだ」などといった意外な発見や、ユーザーが製品やサービスと関わる中でどのようなことを考え、感じているかについての驚きがあるかもしれません。けれども、このような気づきや発見をリアルに理解し実感するためには、インタビューなどのリサーチ現場に実際に自分自身が身を置いて、インフォーマントが発言したときの声のトーンや表情など「現場の空気」を見て、聞いて、経験していることが必要です。

「現場の空気」をしっかりと掴んでいるひとであれば、調査に協力してくれたユーザーとの会話の中で「この発言にはなにかヒントが隠されていそう」と感じさせる発言や、ユーザー自身の価値観や人柄を特徴的に表していそうな発言などに気づくことができます。

しかし、リサーチの現場に同席していなかったひとは、インタビューを文字に起こした発言録や、行動観察の記録だけを見て、その意図を解釈することは難しいかもしれません。なぜならば、データ化された情報には「読むべき空気」が記録されていないからです。なにか重要なヒントが隠されていそうな個別の発言や行動の背後には、そのような発言や行動がなされた現場の状況や全体的な会話の流れ、そしてインフォーマント自身のパーソナリティなどの複雑な要素が絡み合って意味をつくっているのだ、ということなのです。

このような複雑な関係性で構成されている状況や世界のことを「文脈（コンテクスト）」と呼びます。つまり、具体的な発言や行動などの事実（ファクト）と、その事実が行われた状況や環境にある文脈（コンテクスト）とは切り離して扱うことができないのです（図表5－1）。

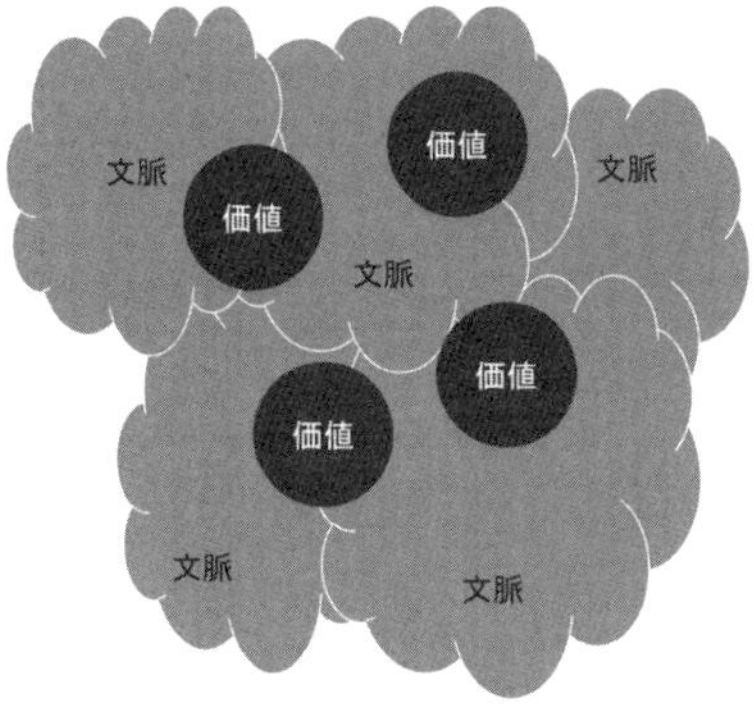

図表5－1　価値と文脈の関係（筆者作成）

自分ひとり、もしくは常に同じコンテクストを理解し、共有できる仲間内でこのような質的な調査データを扱う場合には、阿吽の呼吸でお互い理解しあいながら分析や解釈ができるかもしれませんが、異なるバックグラウンドを持つ複数の関係者がプロジェクトに関わる場合にはそうはいきません。

では、どうすればいいのでしょうか？　そのためには、複雑なコンテクストを理解している限られたひとしか理解・解釈できない質的なデータを、そうでないひとでも適切に理解・解釈できる状態に「翻訳」することが必要です。

ここで言う「翻訳」とは、サービスデザインのプロセスの中では「価値抽出」という言葉で表現されます。前述した「事実（ファクト）」から「文脈（コンテクスト）」を、特殊な方法を用いて引き剥がすことによって、それらが絡み合った中に隠されていた、誰が見ても理解と解釈がブレない純粋な「価値」だけを取りだすようなイメージです。

本章では、そのような翻訳作業を行うための実践しやすい手法の一つ「ＫＡ法」を紹介します。ＫＡ法とは、紀文食品で現在チーフ・マーケティング・アドバイザーを務める浅田和実氏が考案した価値抽出手法で、グラウンデッド・セオリー・アプローチ（グレイザー＆ストラウス『データ対話型理論の発見』参照）と呼ばれる社会科学領域で用いられる質的解釈のための分析方法を、浅田氏が著書『図解でわかる商品開発マーケティング』（日本能率協会マネジメントセンター）の中で、製品開発やマーケティング企画の領域で使いやすいようにアレンジしたものです。

具体的な手順は、まず最初に複雑なコンテクストを背後に持っている発言などの事実から、ユーザーの「心の声」を前後の会話や文脈から解釈・推測することから始めていきます。そして、そのようにして推測した「心の声」が求めているであろう「価値」はなにかを考え「○○という価値」という表現で言語化します。このように段階を踏んで変換していくことで、その場の文脈を理解していないひとには解釈できない質的な情報の意味を丁寧に翻訳し、誰もが理解可能な本質的な「価値」を明確化する方法です。

具体的な事例を挙げてみましょう。たとえばクルマがもたらす経験価値や新しい視点からのサービス体験に関するヒントを探るインタビューをイメージしてみてください。

リサーチャーがインフォーマントに対して、新車に乗った際の印象や体験について質問した際に、「すごくドキドキしました」という発言をしたとします。

新車に初めて触れた時の感情を端的に表現している発言にも見えますが、もしこの発言がなされた時のインフォーマントの表情がとても明るく、ワクワクした印象である場合の「心の声」は、「最先端の体験はワクワクする。楽しい！」といった解釈ができるかもしれ

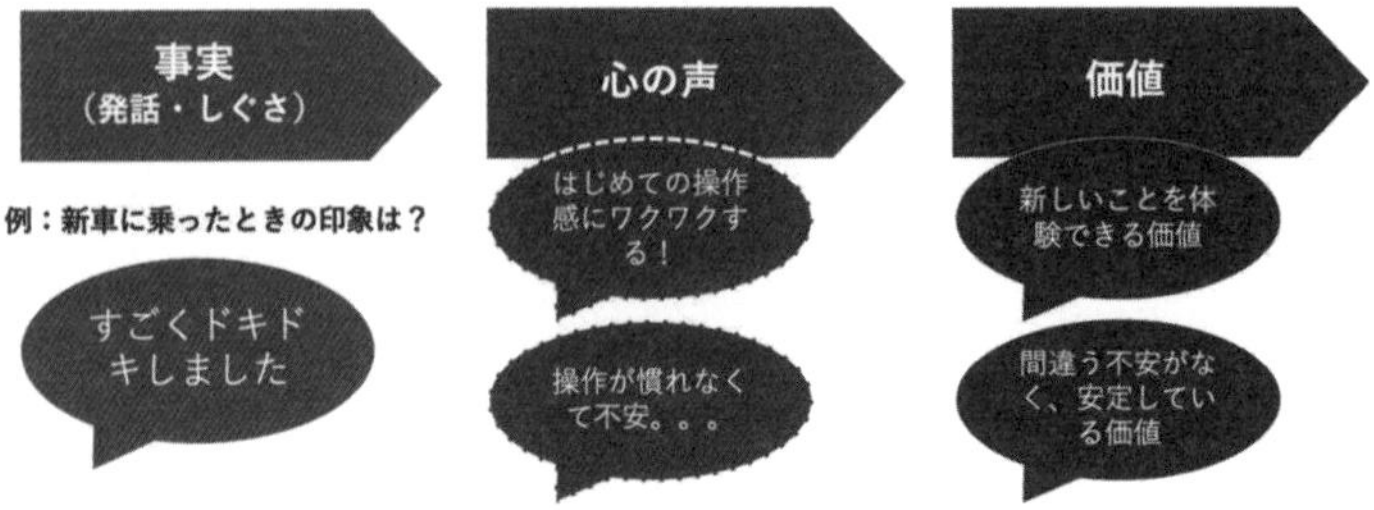
事実
（発話・しぐさ）
心の声
価値
例：新車に乗ったときの印象は？
すごくドキドキしました
はじめての操作感にワクワクする！
操作が慣れなくて不安。。。
新しいことを体験できる価値
間違う不安がなく、安定している価値

図表5－2　KA法を使った翻訳作業（価値変換）のイメージ（筆者作成）

ません。そして、そのような「心の声」が期待する価値は、「最先端のものに触れていられる価値」や「自分自身が最先端の状態でいられる価値」のように解釈できるでしょう。

では、発言の際のインフォーマントの表情が不安げだったとしたらどうでしょう？

その場合の「心の声」はひょっとしたら「今まで乗っていたクルマの操作性と著しく違っていて、危うく事故を起こしそうになり怖かった……」かもしれません。そして、その「心の声」が期待する価値は、「間違うことがなく安心できる価値」であったり「自分が変化しなくても周りが合わせてくれる価値」だと解釈することもできます。つまり、文字にすると同じ言葉でも、その言葉が置かれているコンテクストによって意味が変化するのです（図表5－2）。

ＫＡ法を使った価値変換を行ううえで「ラダリング」という考え方が重要になります。ラダリングとは、文字どおりは

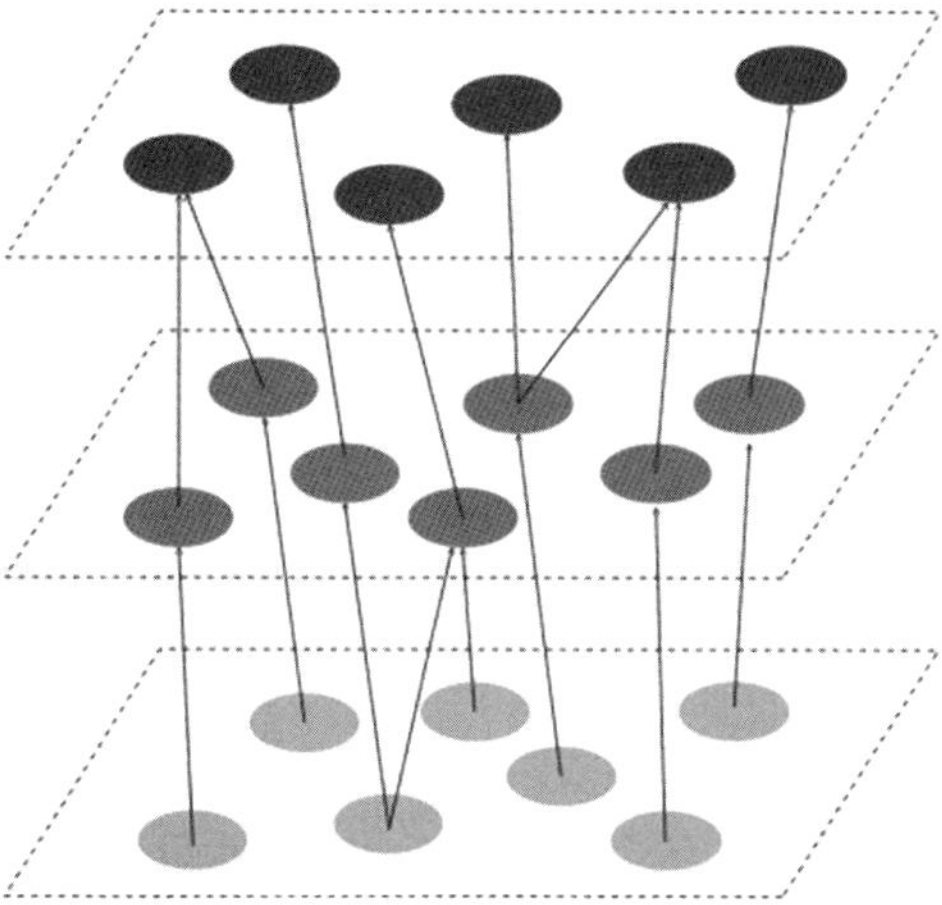
価値
発話や心の声の背景にある価値感や判断基準の物差しとして、より抽象的かつ普遍的な「価値」に変換する
心の声
発話やその他の一時情報（インタビュー時の様子など）から読み取れる情報を抽象化し、「心の声」に変換する
ファクト
個人の嗜好や意思決定の根拠となる情報が強く表れている発話や行動を「ファクト」として抽出する

図表5－3　ラダリングのイメージ図（筆者作成）

しご（ラダー）を上り下りするようなイメージで、抽象的なことと具体的なことを行き来する思考プロセスのことを意味します（図表5－3）。はしごを登るようにして、事実から出発して心の声、そして価値へと変換する。そして今度ははしごを降りるように価値につながっている心の声、そして事実を逆方向から見直し、その「価値」表現が適切なのかを考え直すことを繰り返していくと理解と解釈の深みが増すのです。

ＫＡ法を使った価値抽出を行うことで、自分たちが向き合うべき顧客の中に存在する「価値」を、様々な立場のプロジェクト関係者にとって共通の理解として言語化できます（図表5－4、図表5－5）。

	No.	実話	心の声	価値
1	E1_1	買い物するときはまず楽天みますね。何しても。洋服でも、インテリア雑貨とかでも、まず楽天みて、そこでいいのがあったら、別のとこと比較して、って感じですね。	ネットの買い物では損したくないから、複数サイトを比較する	損をせずに済む価値
2	E1_2	ここは前、テレビで社長さんが出ておられて、このfranc francの社長さんが出ておられて、それでこう、お客さんを楽しませるっていう、なんかこういろんなコンセプト話してらっしゃって、それからなんか定期的にお店にいくのが楽しみになって…。行くたびにやっぱ変わるので、はい。	よく考えぬかれた商品をみるのは楽しい、つかってみたい	「魅力ある商品を選んで使える価値
3	E1_3	ソファを割とこだわったので、それに合うクッションがなかなかなくて、それでようやく…ようやく見つけた。	自分のこだわりを満たしてくれるクッションがやっとみつかってうれしい	なんとかして欲しいものを手に入れられる価値
4	E1_4	（インテリアのテイストは黒）が、好き、ですね。カーテンなんかも、ひと目で。あとは濃淡ですね（笑）シンプルなものが好きです。（中略）やっぱこう、ごちゃごちゃしたものを置いてると、部屋が乱雑に見える気がして…あまり好きではない。統一した方が、すっきり見えるかなあと。	部屋をすっきり見せたいので、シンプルなインテリアを置くようにしている	部屋に統一感を出す方法を知れる価値
5	E1_5	嫌いではないです掃除は。	自分ではそんなにちゃんと掃除しているほうじゃないと思っているけど、汚いのはイヤなので	きれいな状態を維持できる価値
6	E1_6	インタビュアーA：　なんかこう、ペースメーカー的な人であったりとかモノが…を、求める傾向があるんですか？ EIさん：　そうですね。ペースメーカーというか、自分に甘いので（笑）どんどんこう、プレッシャーをかけていかないといけない（笑）	自分はズボラで、自らプレッシャーをかけていかないと掃除できない人間なので、そんなに完璧に掃除できている人って思われると戸惑ってしまう	自律する為の規範をもてる価値

図表5－4　インタビューで得られた発話をKA法で価値変換した例（筆者作成）

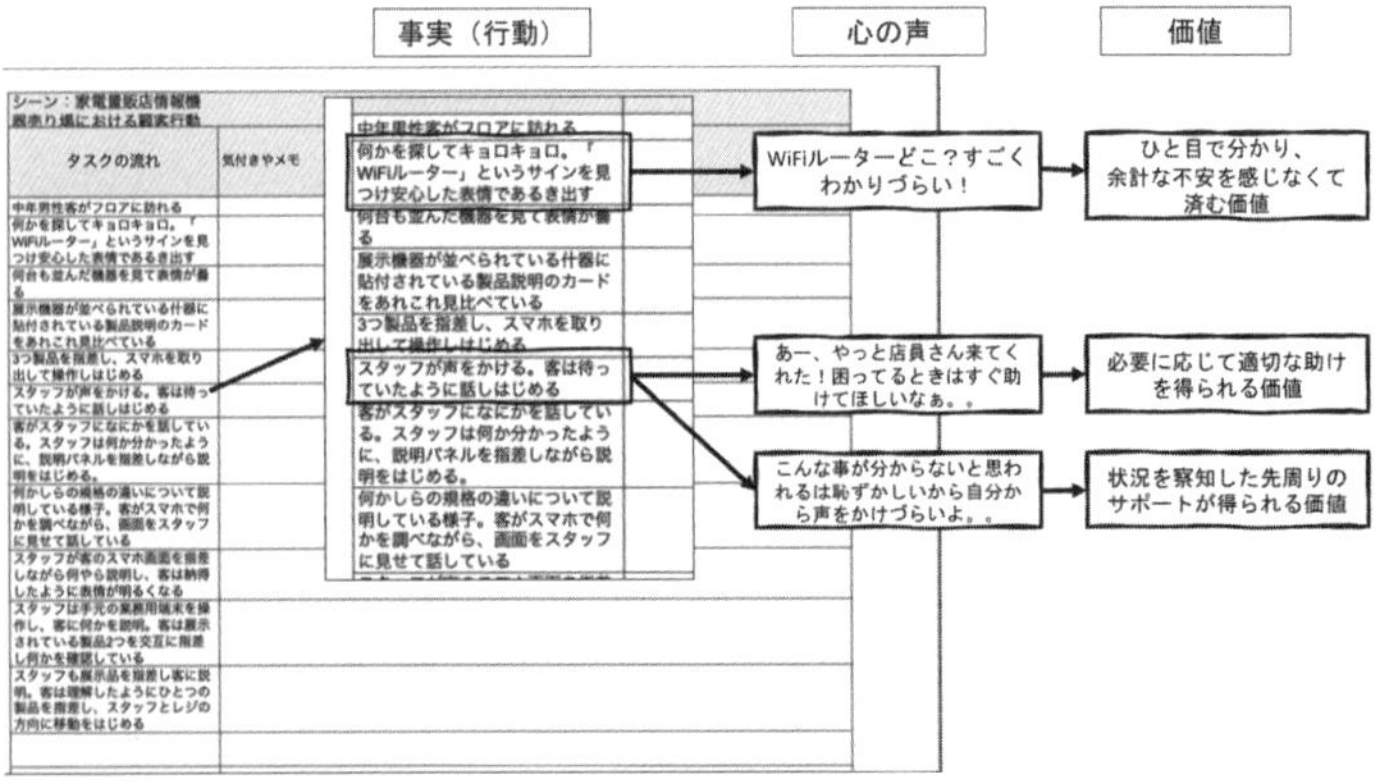

図表5－5　行動観察で得た行動記録データから価値変換を行った例（筆者作成）

多様な価値の全体像を地図として描いてみよう

価値の抽出を一通り終えた次に行うのは、様々な価値を地図にしていく作業です。

わたしの経験上、ひとりのインフォーマントに対して二時間程度のデプスインタビューや行動観察などを行った場合、平均的に約六〇〜八〇程度の「価値」が抽出されます。そしてこれらの価値の総数は調査対象人数の掛け算になるので、一〇人前後のインフォーマントから得られる価値の総数は六〇〇〜八〇〇程度にも及びます。ひとりの人間の中にも価値（観）がたくさん存在することは、皆さんもおわかりかと思います。倹約家の自分もいれば、時には思い切って散財したくなる時もあるし、ポジティブ思考の自分もいれば、時にはネガティブな考えで落ち込みたい時もあるのが人間というものです。

ひとりの人間の中にすらそのような様々な価値（観）が存在しているのですから、複数のひとの中にはより多様な価値が存在しています。価値抽出によって個々の価値に向き合った後は、様々な（そして時と場合で変化することもある）価値の持つ意味を理解し、価値の全

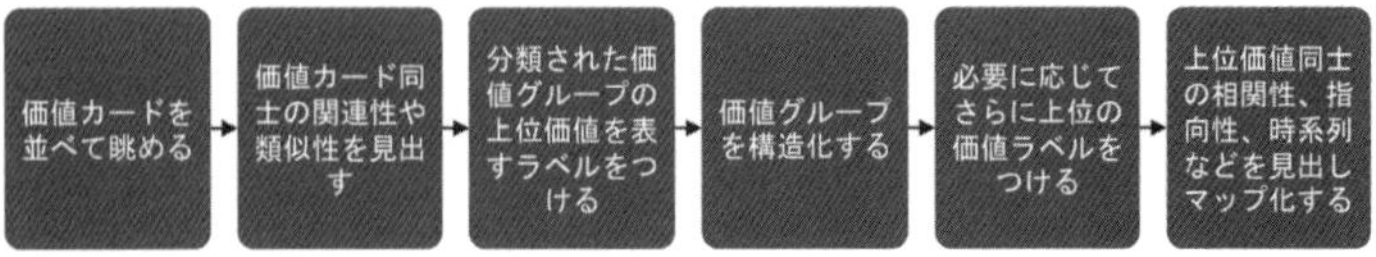
価値カードを並べて眺める
価値カード同士の関連性や類似性を見出す
分類された価値グループの上位価値を表すラベルをつける
価値グループを構造化する
必要に応じてさらに上位の価値ラベルをつける
上位価値同士の相関性、指向性、時系列などを見出しマップ化する

図表5－6　価値統合のプロセス（筆者作成）

体像を捉えることが必要になるのです。そして、膨大な価値を俯瞰的に解釈し、あるテーマに関する価値の全体像として可視化する方法を「価値統合」、そしてその作業の結果アウトプットされる成果物を「統合価値マップ」と呼びます。

それでは、価値統合と、統合価値マップ作成の具体的な実施手順を説明しましょう。

まず最初に、KA法による価値抽出によって変換した価値をカード化し、テーブルに積み上げます。それらの価値カードの中で、なにかしら共通点があってグループ化できるものもあれば、分類されたグループの間に関連性を見出せるものもあるかと思います。いわゆるKJ法の要領で価値カードを分類し、できたグループを代表する上位価値を表すような名前（ラベル）をつけたりしながら、価値カードや価値グループの関係性を考えて並べ直していく作業をじっくり続けていきます（図表5－6）。

すると、たくさんの価値カードが関係性を持った地図のように配置された状態になってきます。その地図を整理し、グループ化された上位価値の表現をブラッシュアップしたり、グループ間の関係性の説明を書き加えたりすることで、価値の全体像を統合、可視化したものが統合価値マップになります。

　このようにしてできあがった統合価値マップは、複数のひとの心の中や頭の中にある価値を覗いてあぶりだし、本来客観的に捉えることが難しい価値の全体像を可視化したものになっているのです（図表5－7）。

　さらに、統合価値マップの全体像を眺めていると、様々に存在する価値の中でもいくつかの大きな価値の方向性（指針＝クライテリア）が浮かび上がってくる場合もあります（図表5－8）。

　ひとはそんなに単純ではありませんので、多くの場合、様々なインフォーマントを対象としてリサーチし解釈したアウトプットである統合価値マップには、多様な価値がマッピングされます。それぞれの価値はいろんな方向を向いていたり、近しい関係性の価値もあれば、相反する価値もあることでしょう。しかし、個々の価値についての意味を深く理解しつつ、価値の全体像を俯瞰的に見渡せるようになってくると、ひとつひとつの価値がつながって見えてくる瞬間が訪れる時があります。その瞬間、まるで統合価値マップの中に、有機的な価値のつながりで構成された「人格」のようなものが浮かび上がってくるの

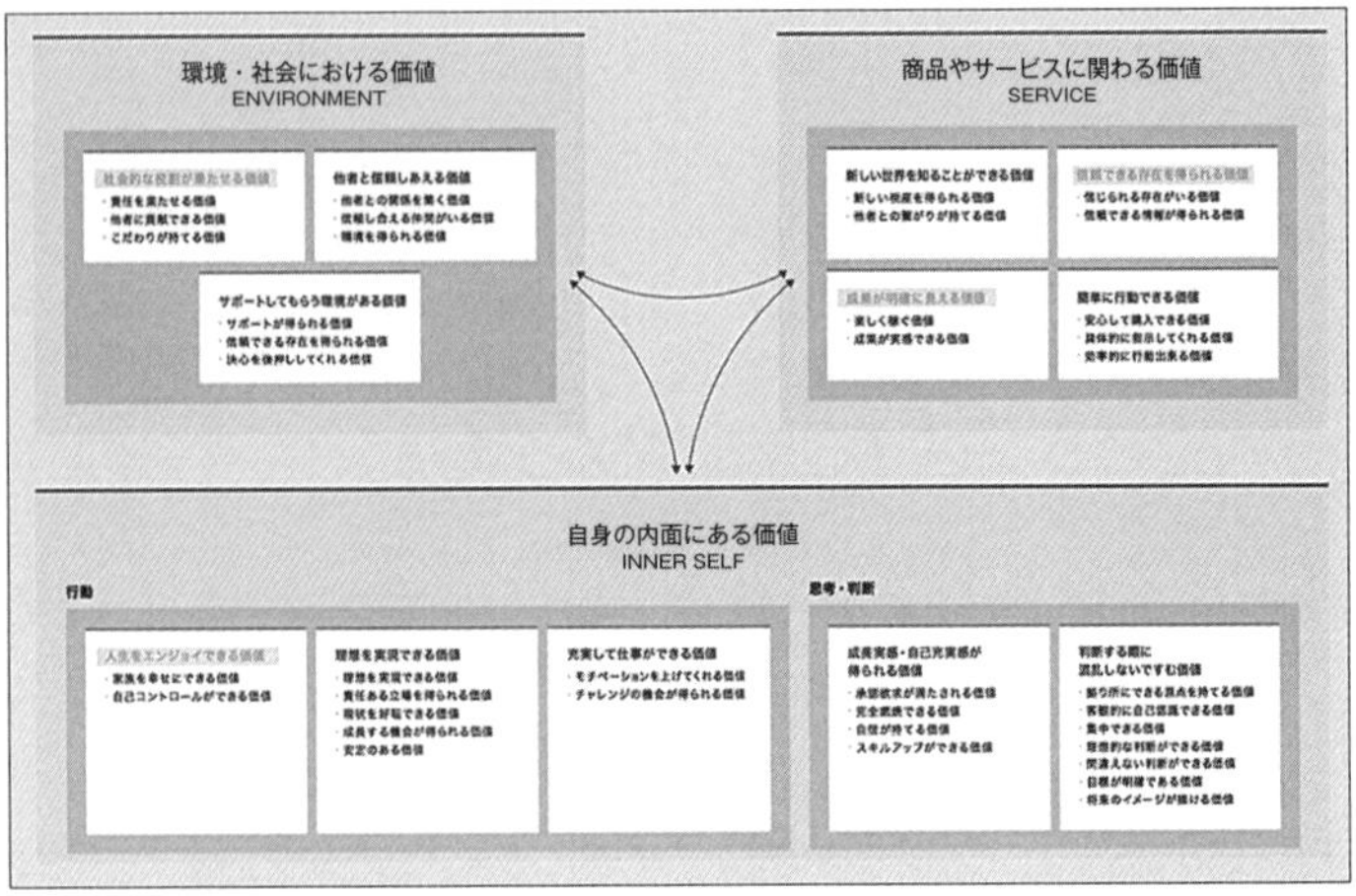
環境・社会における価値
ENVIRONMENT
他者と信頼しあえる価値
サポートしてもらう環境がある価値
商品やサービスに関わる価値
SERVICE
新しい世界を知ることができる価値
簡単に行動できる価値
自身の内面にある価値
INNER SELF
行動
理想を実現できる価値
充実して仕事ができる価値
思考・判断
成長実感・自己充実感が得られる価値
判断する際に混乱しないですむ価値

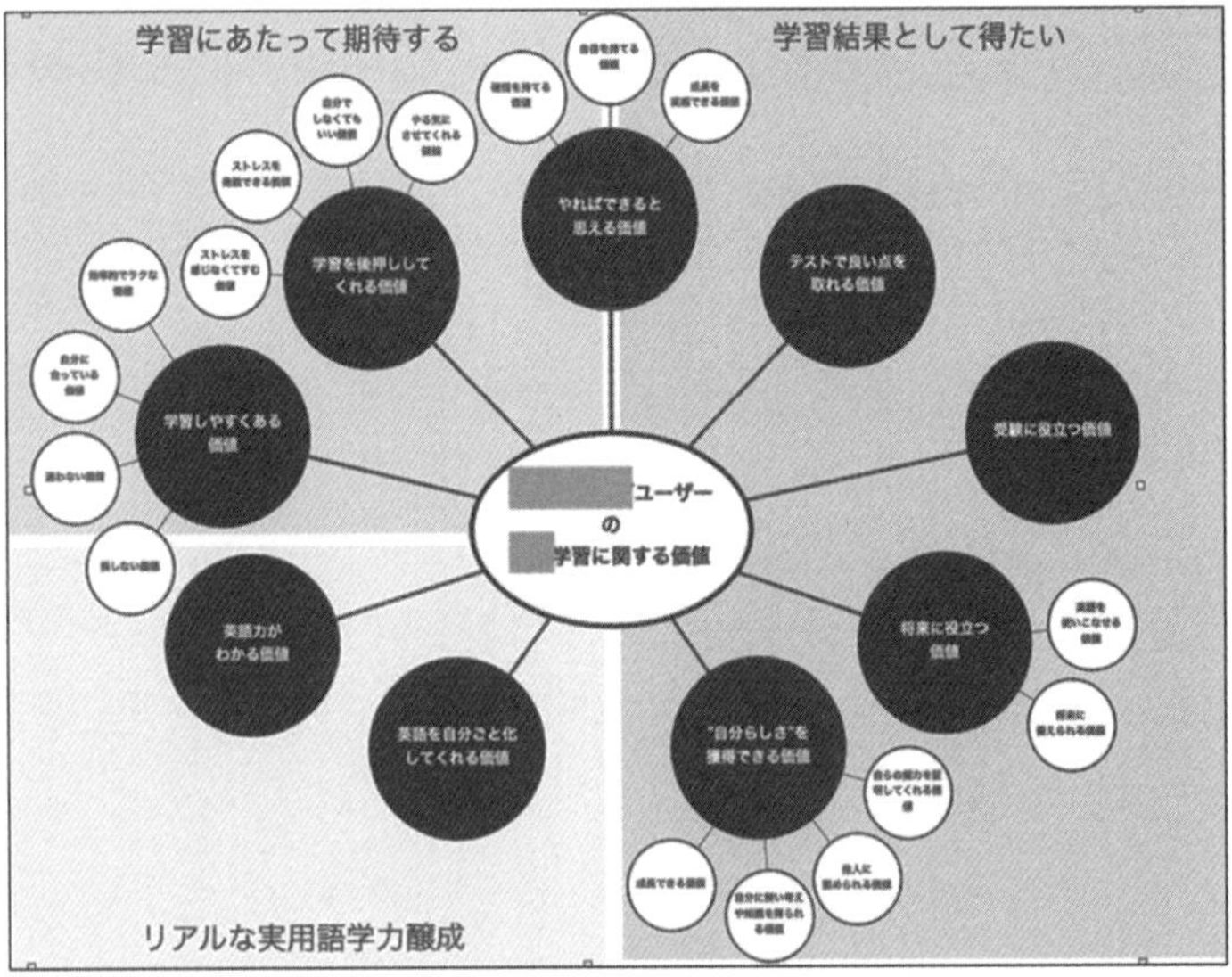
学習にあたって期待する
学習結果として得たい
リアルな実用語学力醸成
ユーザー
の
学習に関する価値
学習を後押ししてくれる価値
学習しやすくある価値
やればできると思える価値
テストで良い点を取れる価値
受験に役立つ価値
将来に役立つ価値
"自分らしさ"を獲得できる価値
英語力がわかる価値
英語を自分ごと化してくれる価値

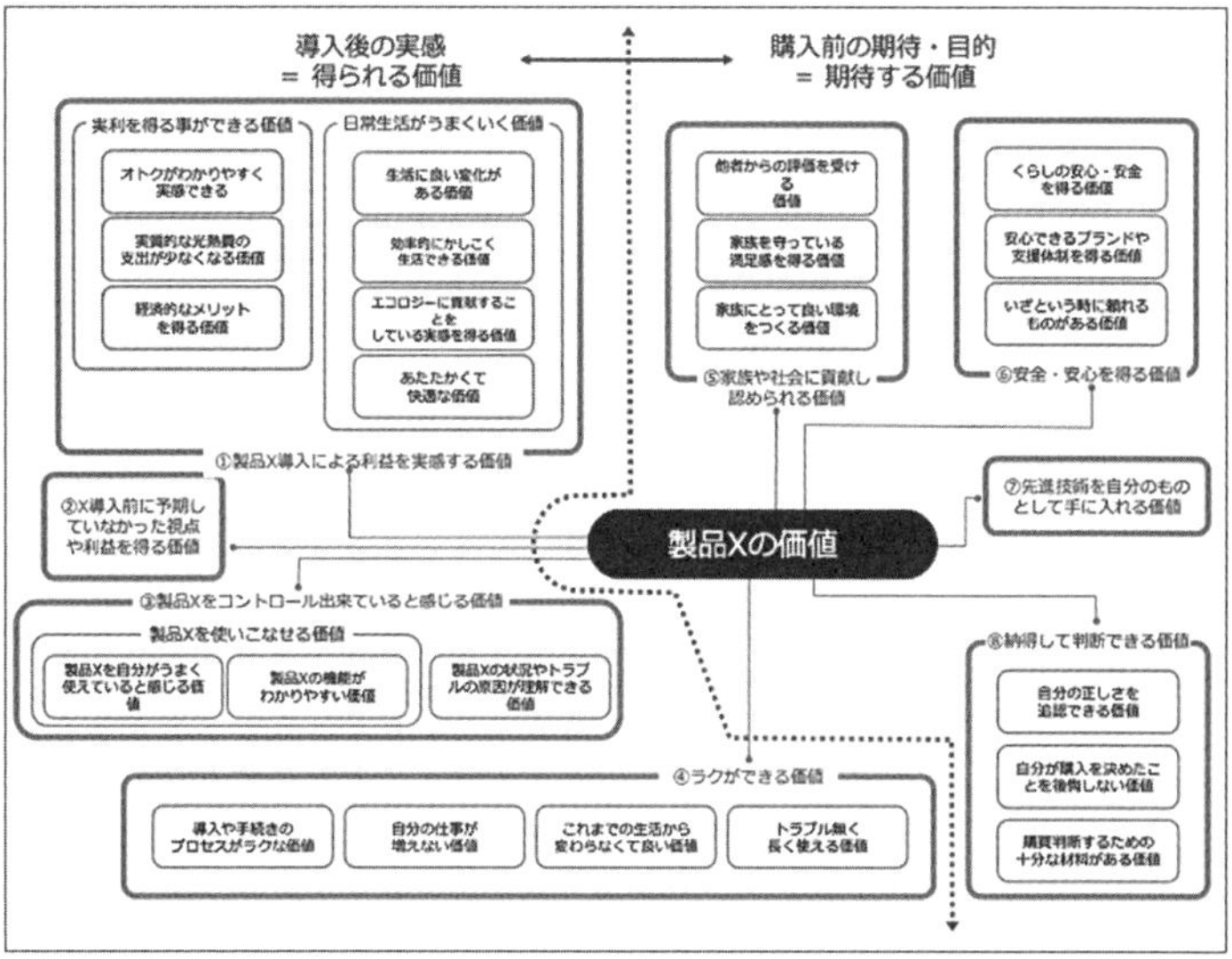

図表5－7　様々な統合価値マップのサンプル。価値マップごとに、それぞれの全体的な価値のあり方が特徴的な見た目の表現にまとまっているのがわかる（筆者作成）

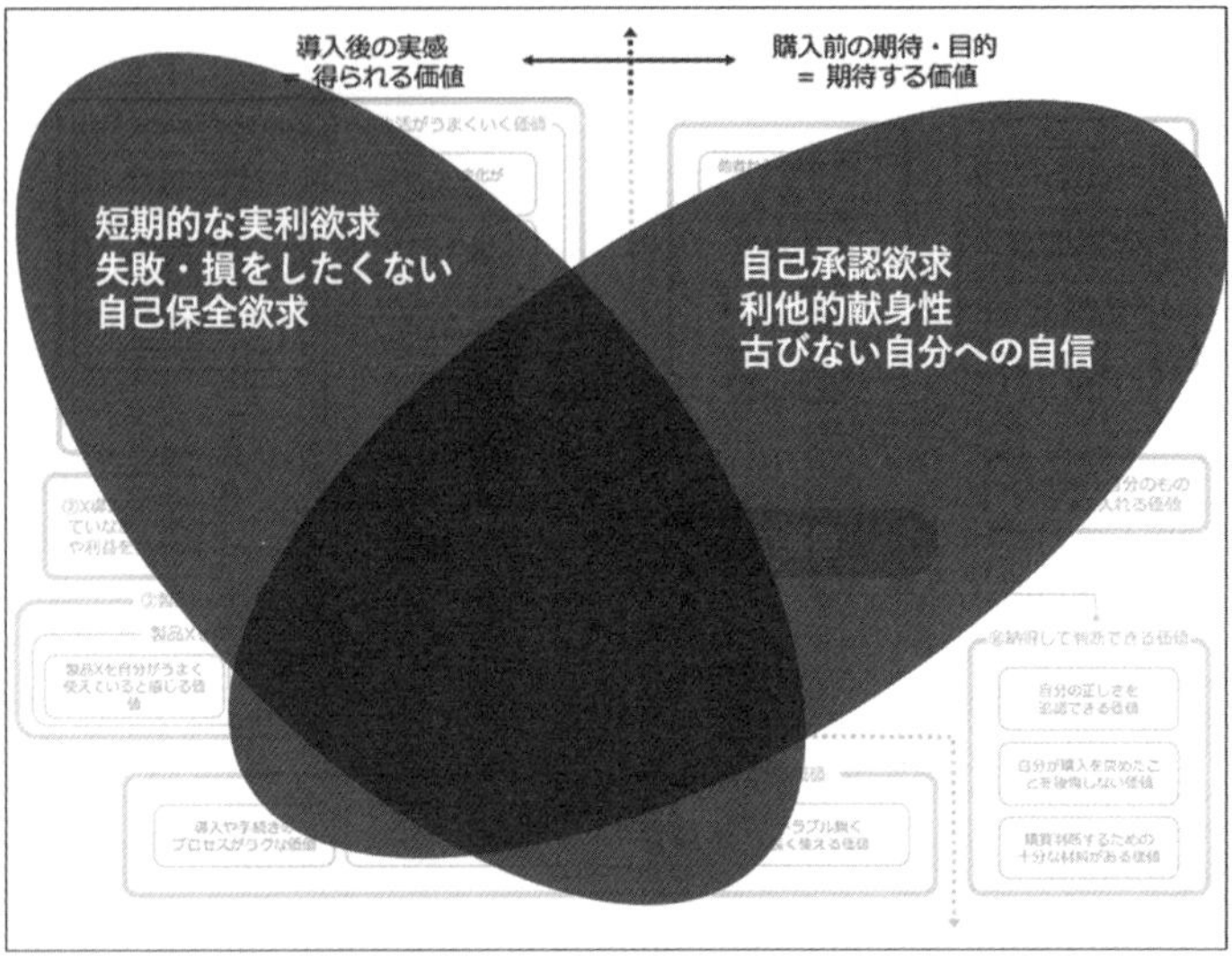

図表5－8　統合価値マップを使って、大きな価値の方向性を見出すイメージ
（筆者作成）

です。しかもその「人格」は一つとは限りません。ひとりの人間の中にもいくつかの顔があるように多様な価値観を持った複数の人格が立ち現れることもあるのです[1]。

もちろん、簡単なことではありませんし、すぐにそういった「人格」を見出せるとは限りませんが、丁寧にリサーチを行い、集めたデータとじっくりと向き合い解釈する行為を通して自分の中に落とし込んでいった先に、見出されるかもしれない貴重な洞察（インサイト）となるのです。

そして、そのような「人格」を見出せれば、抽象度が高く、ひとによって解釈や理解に違いが生まれがちな価値（観）を、具体的な「人物像」としてイメージでき、共有することが可能になります。これが次に、説明する「ペルソナ」という手法につながっていくのです。

顧客の「なぜ」をペルソナに教えてもらおう

自社にとってもっとも重要な顧客像を描きだす方法でありツールでもある「ペルソナ」は、今やデザイナーやマーケターのみならず広くビジネスの現場で知られるようになりました。皆さんの中でもペルソナという言葉くらいは耳にしたことがある方もいらっしゃるかと思いますが、本書の共通理解として説明しておきましょう。

ペルソナとは、

自らが発想すべき製品やサービスなど特定のテーマを考えるための対象として設定す

る、ある特定の価値観や特有の考え方、ゴールを持っている「架空の顧客像」のことを指します。

典型的なペルソナのまとめ方は、「一つのペルソナは一枚のシートにまとめあげる」が原則です。ペルソナを作成していると、丁寧なリサーチから得られたデータがどれもこれも大切なものに思えてきて、できるだけたくさんの情報を盛り込みたい気持ちに駆られますが、そこはぐっとガマンしましょう。なぜなら、大量の情報が記述されたペルソナは誰もが直感的に理解し、記憶することができないからです。たくさんのデータの中から、そのペルソナをもっとも特徴づけるものを丁寧に選んで、なるべくシンプルに見るひとが理解し共感できる表現にまとめあげましょう（図表5－9）。

ペルソナをまとめあげていくにあたって、いくつか大切な要素があります。

① 顔写真
② デモグラフィック情報、ソシオグラフィック情報
③ そのペルソナを端的に表現する一言

自分が愛用するものは"自分の一部"。
妥協しないで納得できるものを選びたいですね。

氏名：近松朋幸
性別：男性
年齢：36歳
職業：Webデザイナー
収入：700万円
家族構成：独身
居住地：東京都郊外
住居形態：持ち家
（中古マンションをリフォーム）

個人でWebデザイン事務所を経営する36歳の近松朋幸さんは、自分が過ごす空間や所有するモノにこだわりを持つ人です。クリエーターである近松さんは自身の価値基準を明確に持っている人で、住まいや仕事で使うモノに至るまで自身でとことん厳選した上質なもので揃えています。そのこだわりは徹底していて、住宅メーカーの作る住宅に満足できない彼は、昨年手に入れたオフィス兼自宅も、わざわざ80年代に作られた中古マンションを手頃な価格で買い、間取りや内装に至るまですべてを自身でプロデュース。信頼のおける知り合いの建築家に依頼して、まさに自分にとって最高の空間を作り上げたほどです。近松さんがこだわるポイントはただ2つ。「シンプルであること」と「飽きずに長く愛せること」。シンプルでありながら細部に至るまできちんと考えつくされたデザインを見ると、手段を問わず手に入れたい衝動に駆られます。これまでも、ネットで見かけた家具が国内では買うことができないものだったため個人輸入で海外から入手したり、雑誌で見つけた1点モノのソファを自分の目で確認するために、わざわざ広島県郊外の家具工房まで足を運んだこともありました。彼が最も重要と考えるのが、表面的なデザインだけでなくそれを作っている企業や作者の姿勢です。使う人のことを考え、自分たち自身が本当に欲しいと思える製品を作っている企業や、長く使われるためにメンテナンスやアフターサポートの労を厭わない企業には、心の底から共感できます。逆にポリシーがなく、流行に流される製品開発をする企業や、顧客の悩みや要望に真摯に向きあおうとしない企業は、たとえどんなに良い製品を作っていたとしても関わりを持ちたくないと感じてしまいます。そうやって、自身のこだわりと努力を厭わず理想の住空間を手に入れた近松さんですが、唯一後悔していることがあります。それはウォークインクロゼットです。沢山の衣類や雑貨をしまえるだろうとこだわって設計したオリジナルのクロゼットですが、いざ出来てみると確かに収納力があるので「とりあえず散らかったものをしまっておく」スペースになってしまい、クロゼットを作らなければリビングをもっと広々を作れたのに、と後悔しています。こんなことになるのであれば、最初から最小限の収納しか作らないで、持ち物を増やさないように自分たちの暮らし方をもっとシンプルにする努力をしたらよかった、と反省しているのでした。

近松さんの大きな目標（ゴール）
自分にとって気に入った上質なものに囲まれて、豊かな気持ちでストレスのない 生活を送りたい。

近松さんの具体的な目標（ゴール）
・所有するものは自分の目で厳選する。・ホンモノと思えるモノを大切に、長く愛用する。

図表5－9　ペルソナのイメージ（筆者作成）

④　ゴール
⑤　活き活きとしたストーリー

何点か大切なポイントを説明します。

①「顔写真」は、ペルソナをあたかも実在する人物であるかのように直感的に理解し、記憶するための重要な情報です。ひとは他人をほとんど外見で判断するそうです。わたしたちがペルソナを作成する場合には、インフォーマントといった関わりのあるひとの写真ではなく、商用利用可能なストックフォトの中から選ぶことが多いのですが、ここで重要なことがあります。それは、顔写真はそれ以外の情報をすべ

て作成した「後」で決めるということです。つまり、ペルソナの「内面」をつくりあげてから、その内面を端的に表現できそうな「外見」を当てはめるのです。まさに、ひとの見た目で捉えづらい内面に、ペルソナという言葉のラテン語の語源である「仮面」をかぶせるようなイメージです。そうすることによって、外見に引っ張られてステレオタイプなペルソナをつくってしまうことを避けられます。

②「デモグラフィック（人口動態情報＝年齢や性別など）な情報」や「ソシオグラフィック（社会属性＝職業や社会的立場など）な情報」は、ペルソナをひとりの人間として特徴づけるうえで当然必要になりますが、必ずしもペルソナのもとになっているインフォーマントの実際の情報と同じである必要はありません。多くの場合、インフォーマントのうちの何人かの情報を使ったり、組み合わせる場合が多いのですが、これらの属性も顔写真同様にそのペルソナの「内面」を端的に表現できそうなものにすることが重要です。

ですので、あるペルソナは三〇代の男性で職業を持っているひとの設定だけれども、そのペルソナのもとになっているインフォーマントには設定に近い男性もいれば、四〇代の専業主婦の女性や二〇代の男子学生もいる場合もあるのです。異なるセグメントに属しているけれども、同じ価値観やパーソナリティを持っているひとたちを横断してひとりの人格として描きだしたものがペルソナなのです。同様に、ペルソナを端的に表現する一言も、複数のインフォーマントの実際の発言を組み合わせてつくりあげる場合もあります。

③「そのペルソナを端的に表現する一言」は、どんなパーソナリティや価値観を持っているペルソナなのかを直感的に理解するためのキーワードとなります。

④「ゴール」はペルソナにとってもっとも重要な情報です。デザインや企画のためにペルソナを活用する方法は、一九九〇年代にプログラマーでもありデザイナーでもあるアラン・クーパーが著書 *The Inmates are Running the Asylum*（Sams）と *About Face 3*（Wiley）の中で体系化しましたが、その背景には当時急速に進んだコンピューターと、ソフトウェアの普及があります。

それ以前の時代では、コンピューターを使うのはコンピューターについて専門的な知識があるひとしかいませんでした。しかし、八〇年代から九〇年代にかけて起きた急激なＩＴ化の中で、コンピューターに詳しくないひとたちが業務の効率化などの目的でコンピューターを使うようになったのです。たとえば、会計ソフトを使った経理作業の効率化や、工場用の業務ソフトを使った製造管理業務の標準化などが挙げられます。それによって前述したユーザー環境の変化が起きたのです。急激なＩＴ化の波によってコンピューターを使い始めた多くのユーザーは、コンピューターを使うことが目的ではなく、自分が成し遂げたい「ゴール」を達成することこそが重要でした。

その結果、プログラマーやデザイナーはユーザーの本当の「ゴール」を理解して、そのゴールが達成できるようにソフトウェアをデザインしなくてはならなくなったのです。これは、いわゆる「ユーザー中心デザイン」のことで、今となっては当たり前のことだと思われるかもしれませんが、当時のソフトウェア設計では大きな革新でした。

そしてさらに重要なことは、ユーザーにとってのゴールは、「簡単で便利に効率良くなにかができること」だけではない、ということです。もちろん、多くのユーザーにとって利便性や効率性は欠かせないゴールの一つではあるでしょう。しかし、中には「しっかり手順を踏んで手間をかけて操作をすることで、確実に仕事を完了させたという安心感を得たい」という状況や業務もあるかもしれません。

⑤「活き活きとしたストーリー」は、ペルソナが製品やサービスとどのような状況で関わり、どんな意味を持っているのかを、製品やサービスを使用していない時間も含めた日々の生活に埋め込まれた世界観として描きだしてくれます。

ゴールで大切なことは「なにを」「どのように」するか以上に、ユーザーは「なぜ」それをしたいと考えるのか、を盛り込むことなのです。ゴールの背後にある「理由」を解明し理解することで、ペルソナに対してなにを、どのようにできる製品やサービスにするのがいいのかという具体的なアイデアが発想できます。

一枚のシートに書かれた情報だけが重要なのではなく、そこに「書かれなかった」出来事やシチュエーションに思いを馳せ、最良の経験を提供するアイデアを生みだすためのツールがペルソナなんだな、ということを理解いただけると嬉しいです。

リサーチに基づいたペルソナをつくりあげることは時間も手間もかかる大変な作業だからこそ、そのようなプロセスを通して関係者の間にユーザーに対する深い理解と共感をもたらしてくれるのです。自分たちにとって愛すべきペルソナが用意できたら、今度は、ペルソナと一緒に良い体験をデザインするための旅に出かけましょう。

ペルソナにとっての楽しい旅をデザインする
——表舞台のデザインと舞台裏のデザイン

もっとも大切なユーザーであるペルソナが定義できたら次にやるべきことは、ペルソナを主人公とする製品・サービスとの幸せな関わり合いの旅を描きだすことです。このような手法をサービスデザインでは「カスタマージャーニー」、そしてビジュアルにアウトプットしたツールを「カスタマージャーニーマップ」と呼びます。

カスタマージャーニーマップという手法・ツールを有名にしたのは、アメリカ初のＵＸデザイン会社だったアダプティヴ・パス（Adaptive Path）(2)が、フランス国鉄とスイス国鉄の共同出資による公益法人のレイル・ヨーロッパ（Rail Europe）のユーザーエクスペリエンスデザインのために作成した事例です（図表5—10）。

この事例では、レイル・ヨーロッパの顧客が旅程を考えチケットを予約するところから旅行を楽しみ、そして旅を終えた後のフォローアップを受けるまでの一連のサービス体験を、様々な視点で可視化しています。

カスタマージャーニーマップでは、

・旅行中だけでなく、旅行前や旅行後に顧客はなにをしようとするのか？（行動）
・その時に考えることや大切にしたい感情はなにか？（思考と感情）
・いろいろな局面で誰が顧客と関わり合いを持っているか？（ステークホルダー）
・顧客が苦痛に感じていることはなにか？（ペイン）
・そのような状態にある顧客に対して、レイル・ヨーロッパはどのようなサービス体験を提供すべきか？（重要となる体験）

などをイメージしやすい状態に可視化することで、最終的に企業は顧客の最良の体験を実現するためになにを行うべきかを具体的なアイデアに落とし込み、製品やサービスのデザインや企画にフィードバックするのです。カスタマージャーニーマップは、リサーチによって明らかになった現状の姿（As-Is）を描きだし、問題点や課題を発見することで解決策を発想するパターンと、リサーチで得られた発見をもとにした仮説によって理想の姿（To-Be）を発想し、その理想の世界を実現するために必要なアイデアを発想するパターンの二

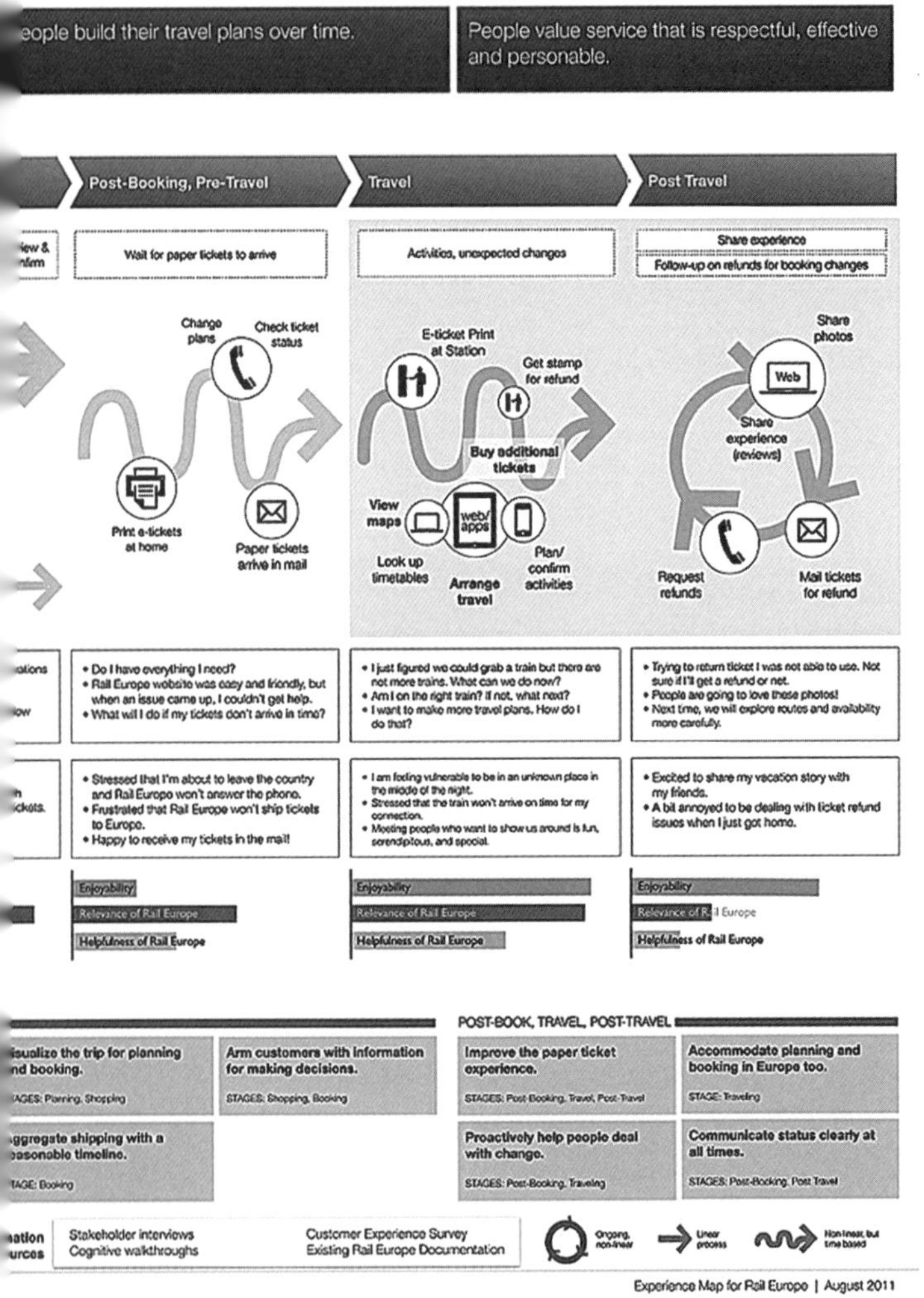
eople build their travel plans over time.
People value service that is respectful, effective and personable.
Post-Booking, Pre-Travel
Travel
Post Travel
Wait for paper tickets to arrive
Activities, unexpected changes
Share experience
Follow-up on refunds for booking changes
Change plans
Check ticket status
Print e-tickets at home
Paper tickets arrive in mail
E-ticket Print at Station
Get stamp for refund
Buy additional tickets
View maps
web/apps
Look up timetables
Arrange travel
Plan/confirm activities
Share photos
Web
Share experience (reviews)
Request refunds
Mail tickets for refund
• Do I have everything I need?
• Rail Europe website was easy and friendly, but when an issue came up, I couldn't get help.
• What will I do if my tickets don't arrive in time?
• I just figured we could grab a train but there are not more trains. What can we do now?
• Am I on the right train? If not, what next?
• I want to make more travel plans. How do I do that?
• Trying to return ticket I was not able to use. Not sure if I'll get a refund or not.
• People are going to love these photos!
• Next time, we will explore routes and availability more carefully.
• Stressed that I'm about to leave the country and Rail Europe won't answer the phone.
• Frustrated that Rail Europe won't ship tickets to Europe.
• Happy to receive my tickets in the mail!
• I am feeling vulnerable to be in an unknown place in the middle of the night.
• Stressed that the train won't arrive on time for my connection.
• Meeting people who want to show us around is fun, serendipitous, and special.
• Excited to share my vacation story with my friends.
• A bit annoyed to be dealing with ticket refund issues when I just got home.
Enjoyability
Relevance of Rail Europe
Helpfulness of Rail Europe
POST-BOOK, TRAVEL, POST-TRAVEL
isualize the trip for planning nd booking.
AGES: Planning, Shopping
Arm customers with information for making decisions.
STAGES: Shopping, Booking
Improve the paper ticket experience.
STAGES: Post-Booking, Travel, Post-Travel
Accommodate planning and booking in Europe too.
STAGE: Traveling
ggregate shipping with a easonable timeline.
TAGE: Booking
Proactively help people deal with change.
STAGES: Post-Booking, Traveling
Communicate status clearly at all times.
STAGES: Post-Booking, Post Travel
ation urces
Stakeholder interviews
Cognitive walkthroughs
Customer Experience Survey
Existing Rail Europe Documentation
Ongoing, non-linear
Linear process
Non-linear, but time based
Experience Map for Rail Europe | August 2011

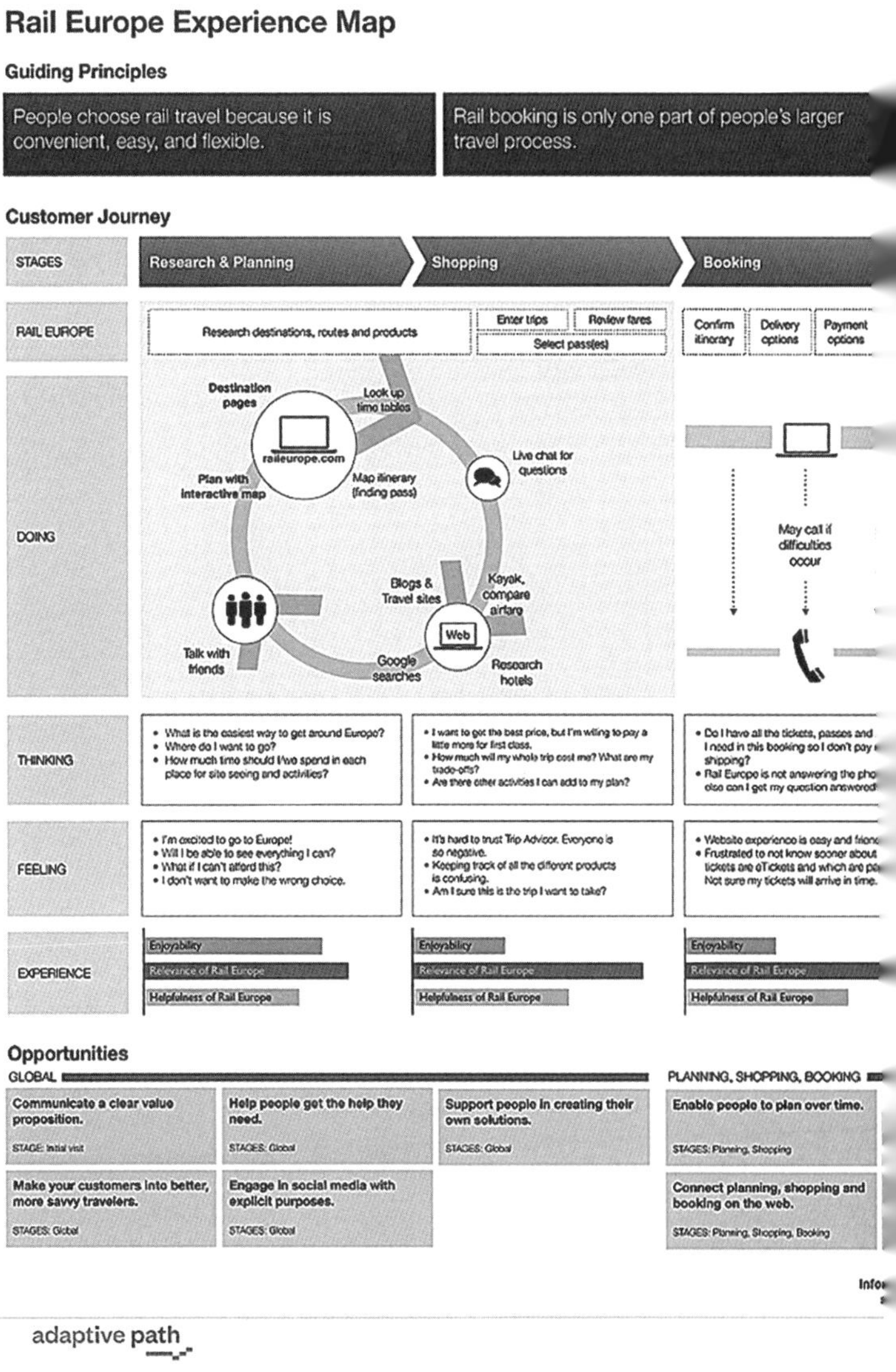
Rail Europe Experience Map
Guiding Principles
People choose rail travel because it is convenient, easy, and flexible.
Rail booking is only one part of people's larger travel process.
Customer Journey
STAGES
Research & Planning
Shopping
Booking
RAIL EUROPE
Research destinations, routes and products
Enter trips
Review fares
Select pass(es)
Confirm itinerary
Delivery options
Payment options
DOING
Destination pages
Look up time tables
raileurope.com
Plan with interactive map
Map itinerary (finding pass)
Live chat for questions
Blogs & Travel sites
Kayak, compare airfare
Web
Talk with friends
Google searches
Research hotels
May call if difficulties occur
THINKING
What is the easiest way to get around Europe?
Where do I want to go?
How much time should I/we spend in each place for site seeing and activities?
I want to get the best price, but I'm willing to pay a little more for first class.
How much will my whole trip cost me? What are my trade-offs?
Are there other activities I can add to my plan?
FEELING
I'm excited to go to Europe!
Will I be able to see everything I can?
What if I can't afford this?
I don't want to make the wrong choice.
It's hard to trust Trip Advisor. Everyone is so negative.
Keeping track of all the different products is confusing.
Am I sure this is the trip I want to take?
EXPERIENCE
Enjoyability
Relevance of Rail Europe
Helpfulness of Rail Europe
Opportunities
GLOBAL
PLANNING, SHOPPING, BOOKING
Communicate a clear value proposition.
STAGE: Initial visit
Help people get the help they need.
STAGES: Global
Support people in creating their own solutions.
STAGES: Global
Enable people to plan over time.
STAGES: Planning, Shopping
Make your customers into better, more savvy travelers.
STAGES: Global
Engage in social media with explicit purposes.
STAGES: Global
Connect planning, shopping and booking on the web.
STAGES: Planning, Shopping, Booking
adaptive path

図表5-10　アダプティヴ・パス社によるカスタマージャーニーマップ
（出典 https://commons.wikimedia.org/wiki/File:SD053-_Figure_5.14_(8462249080).jpg）

つがあります。

前者は、主に既存の製品やサービスのユーザー中心発想による改良・改善に有効で、後者は既存製品が顧客にもたらす意味を根本的に革新したい場合や、今はまだない製品やサービスを一から考えるプロジェクトなどに向いています。皆さんも、自分たちが取り組むテーマによってカスタマージャーニーの描きだし方を使い分けてみてください。

サービスデザインをするにあたって、もう一つ大切な視点があります。それは、製品やサービス体験の「舞台裏」のデザインです。洗練されたすてきな演劇は、役者が観客の前で演じるお芝居だけでなく、入念に準備された台本や舞台装置だったり、芝居の間、舞台裏を忙しく走り回るスタッフがいないと成立しませんよね？　つまり、最良の製品・サービス体験の実現には、すてきな「表舞台」と同じくらいに、考え抜かれた「舞台裏」のデザインが必要になります。

このように、製品やサービスの表舞台（フロントステージ）と舞台裏（バックステージ）をあわせてデザインすることこそがサービスデザインでは重要なのです。カスタマージャーニーマップは言うならば、顧客と製品・サービスの関わり合いの「表舞台」を描いたものだと言えます。対して、サービスのフロントステージとバックステージ両方の世界をあわせて描きだしたアウトプットを「サービスブループリント」と呼びます（図表5―11）。

サービスブループリントとは、一九八二年に当時シティバンク社の副社長であったリン・ショスタックが *"How to Design a Service"* という論文において、

・ユーザーの行動

・スタッフ（やシステム）の働き

を同時に視覚化するダイアグラムとして提唱した考え方で、カスタマージャーニーが可視化するユーザーと製品やサービスとの関わり合いだけでなく、その裏側で起きている社内スタッフの動きや、システムなどの状況についても明らかにするものです。そうすることで、表面的な製品やサービスのユーザーインタラクションの最適化だけではなく、製品やサービスを構成する組織やシステム全体が包括的に最適な状態になるようにデザインすることが可能になるのです（Sarah Gibbons, 2017）。

サービスブループリントを使ったサービスデザイン発想によって、顧客から長く愛されるだけでなく、持続可能性の高い製品やサービスを考える可能性が広がります。そしてそ

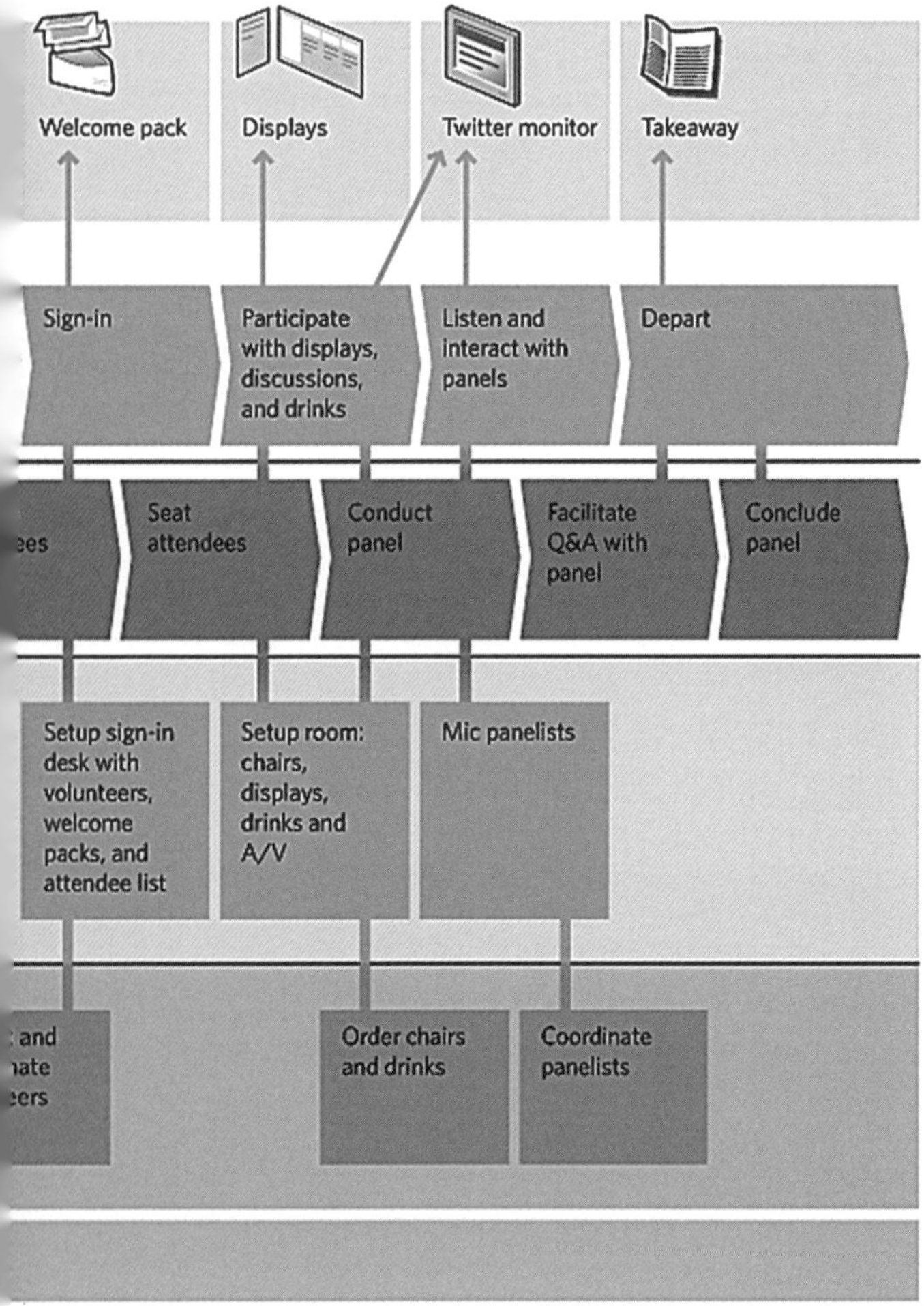

Welcome pack
Displays
Twitter monitor
Takeaway
Sign-in
Participate with displays, discussions, and drinks
Listen and interact with panels
Depart
ees
Seat attendees
Conduct panel
Facilitate Q&A with panel
Conclude panel
Setup sign-in desk with volunteers, welcome packs, and attendee list
Setup room: chairs, displays, drinks and A/V
Mic panelists
and
ate
ers
Order chairs and drinks
Coordinate panelists

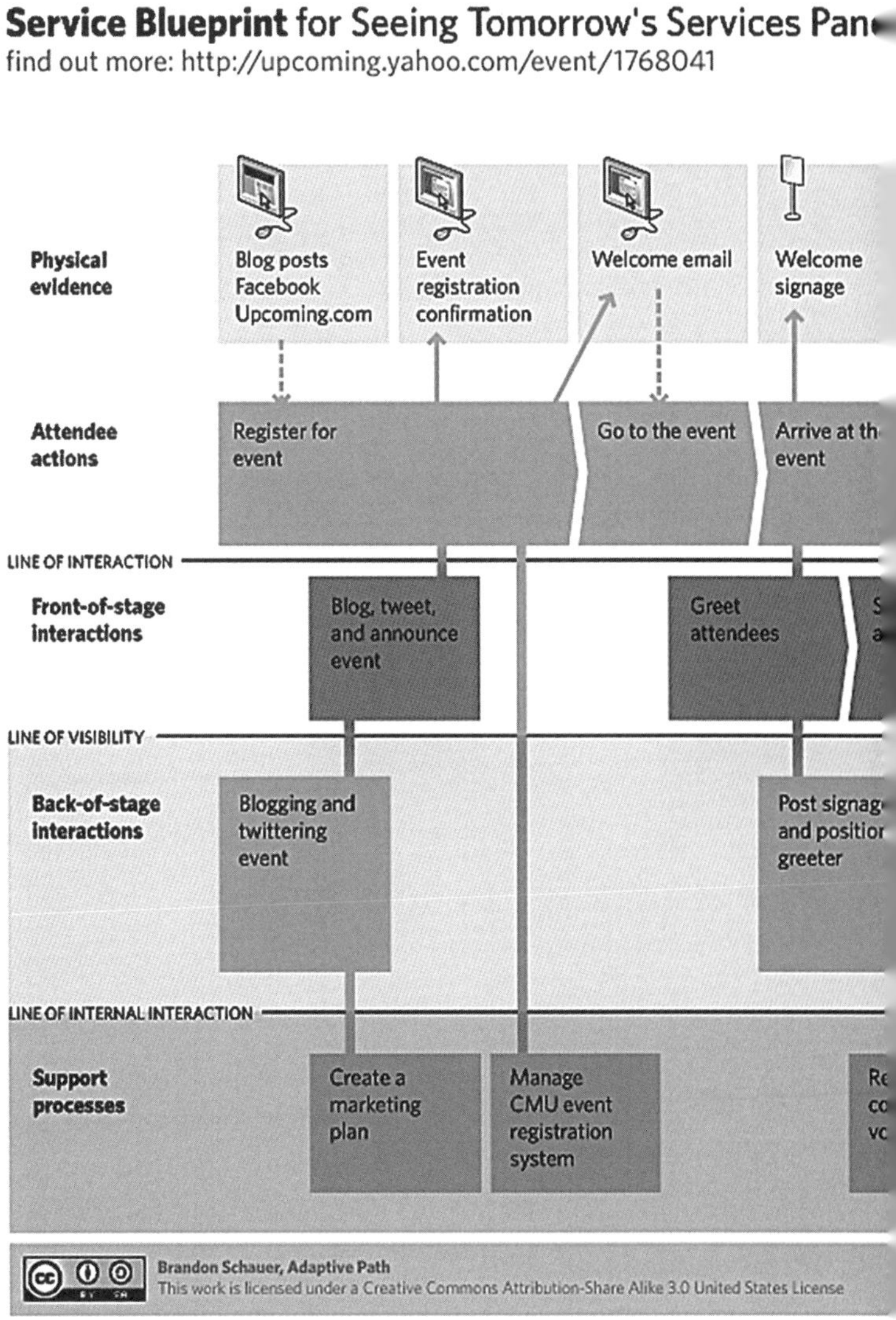
Service Blueprint for Seeing Tomorrow's Services Pan
find out more: http://upcoming.yahoo.com/event/1768041
Physical evidence
Blog posts Facebook Upcoming.com
Event registration confirmation
Welcome email
Welcome signage
Attendee actions
Register for event
Go to the event
Arrive at th event
LINE OF INTERACTION
Front-of-stage interactions
Blog, tweet, and announce event
Greet attendees
LINE OF VISIBILITY
Back-of-stage interactions
Blogging and twittering event
Post signag and positior greeter
LINE OF INTERNAL INTERACTION
Support processes
Create a marketing plan
Manage CMU event registration system
Brandon Schauer, Adaptive Path
This work is licensed under a Creative Commons Attribution-Share Alike 3.0 United States License

図表5-11　サービスブループリントの例
（出典 https://www.flickr.com/photos/brandonschauer/3363169836）

れは、これからの時代に求められるサスティナブルなビジネスをつくりだすうえで、ますます欠かせない考え方になっていくのです。

コラム4

ペルソナについて誤解されがちなこと

近年、ペルソナがデザインの領域だけでなく、広く一般的なビジネスの領域に浸透したことはさきほど書きましたが、急速に普及する中で誤った理解のまま広まってしまったことも多々あります。それらの「ペルソナについて誤解されがちなこと」について、アラン・クーパーは著書 *About Face 3*（Wiley）の中で指摘しています。その中でもペルソナの正しい理解に役立つ五つのポイントをとりあげて説明していきましょう。

1 ペルソナはアーキタイプであって、ステレオタイプではない
2 ペルソナは流用できない
3 ペルソナは「ユーザー」像とは限らない

4 ペルソナは「たったひとり」のためのデザイン対象だが、「たったひとり」とは限らない

5 リサーチによる一次情報の収集なしにペルソナをつくることはいけないことではないが、その場合は条件がある

1 ペルソナはアーキタイプであって、ステレオタイプではない

ペルソナを作成する際に犯しがちな失敗は、ついつい「典型的な」人物像を描いてしまうことです。ペルソナは「ある特徴的な価値観や特有のゴールを持った架空の人物像」なので、実際に身の回りにいそうなひとをイメージすることは間違いではないのですが、それが固定観念によってわかりやすく単純化された「ステレオタイプ」な人物像になってしまうと、ペルソナにとって一番大切な「特徴的な価値観や特有のゴール」に含まれる重要なコンテクストが削ぎ落とされてしまうのです。調査から得られた複雑で大量の情報を整理し、理解しやすい人物像にまとめあげることは大切なことですが、そのペルソナにとって「なにを、どうしたいか？」（What と How）ではなく、それらを「なぜしたいと思うのか？」（Why）をペルソナにしっかりと語らせることの重要性について、クーパーは「ペル

ソナはステレオタイプではなく、アーキタイプであるべきだ」と指摘しています。「原型」を意味するアーキタイプという言葉は一見ステレオタイプと同じようなものに感じられるかもしれませんが、ステレオタイプが固定観念化した典型的な人物像であるのに対して、アーキタイプは他とは違うそのひと独自の反復的経験や価値観に基づくパーソナリティ（集合的無意識とも呼ばれます）を、ある特徴的な人物の「原型」として描きだすものである点で決定的に両者は異なります。

2 ペルソナは流用できない

ペルソナをデザインする仕事を長くやっているとクライアントである企業の方から、「過去に当社の同業他社で同じような製品向けのペルソナをつくったことはあるでしょう？　それを流用してパパッと製品コンセプトを考えてほしいんですけど」というようなことを言われることがあります。たとえば、住宅メーカーが、初めて家を購入する若い世代向けに都市型の狭小タイプ住宅を開発するというプロジェクトを想定してみましょう。ターゲットとする顧客層も商品の方向性も同じであれば、A社が自社商品開発のためにデザインしたペルソナを、B社が流用してもいいように思えます。しかし、これには根本的な誤解があります。それは、ペルソナにとってもっとも重要な要素は、さきほど一つ目のポイントでも書いたように「特有かつ固有のコンテクスト」です。ペルソナは、企業が「自社にとって」もっとも大切な顧客像を描くためにつくるものですので、A社でもB社でもC社でもどの企業でも構わないような顧客像だと意味がないのです。一見すると同じ顧客セグメントや商品の方向性であったとしても、その商品やサービスをどの企業がつくるのかが異なれば、ペルソナに担わせる「特有かつ固有のコンテクスト」は異なるのです。

3　ペルソナは「ユーザー」像とは限らない

一般的にペルソナは、自社にとってもっとも重要な「ユーザー」像だと理解されていますが、必ずしもユーザーである必要はありません。なぜなら、まだこの世に存在しない革新的な製品・サービスを考えるためのペルソナが必要な場合や、他社のヘビーユーザーを自社製品・サービスデザインに振り向かせるための施策を考えるためにペルソナをデザインする場合には、現時点ではそのペルソナは自社にとってのユーザーではないからです。ペルソナはユーザー像ではなく、人格像を描きだすものだということを改めて理解しましょう。

4　ペルソナは「たったひとり」のためのデザイン対象だが、「たったひとり」とは限らない

製品・サービスを考えるうえで重要なことは、誰にでも好かれるものではなく、本当にその製品・サービスを好きになってくれる「たったひとり」にとって価値あるものを考えることだと第3章で書きました。ペルソナはまさにそのような「たったひとり」を描きだすツールですが、「絞り込むことが大事なのはわかるけど、たったひとりしか相手にできないんだったら、ビジネスとしては小さすぎて成立しないんじゃないの?」という疑問を持つ方もおられるかもしれません。マーケティング領域で用いられるセグメンテーションの視点から見ると、たしかに特定のセグメントだけに絞り込むことは市場規模の観点から考えてもビジネス対象を著しく限定してしまうようにも見えますが、ペルソナはセグメンテーションの考え方とは根本的に異なります。

ペルソナはセグメンテーションのように顧客属性ごとの異質性を重要視するのではなく、セグメントを越えて存在する価値観とゴールの同質性に着目するのです。つまり、異なるセグメントに横断して共通し、かつセグメントを越えて広く波及していく可能性のあるニーズやゴールを持ったペルソナを戦略的に採用することで、結果的に自社のビジネス

にとって必要十分な市場規模を狙うことができるのです。

5 リサーチによる一次情報の収集なしにペルソナをつくることはいけないことではないが、その場合は条件がある

本書では、ペルソナを作成する際には関係者の思いつきや想像ではなく、リサーチから得られた情報を丁寧に解釈してつくることが重要だ、と述べてきました。しかし、ビジネスの現場では丁寧にリサーチを実施し、得られた情報を十分に解釈したうえでペルソナを作成している時間がなかったり、それほどの手間をコストをかけていられない場合もあるでしょう。

クーパーは、そういう場合には現時点で関係者が自分たちの顧客に関して理解していることや知識をもとにして「仮のペルソナ」(Provisional Persona)を簡易的に作成しても構わない、と言っています。十分なクオリティではないにせよ、ペルソナがないよりはあった方が製品・サービスを考えるうえで有用性があるからです。しかし、その場合に注意が必要なことがいくつかあります。

・単なる思い込みや、自分たちにとって都合の良い顧客像をイメージしてペルソナにするのではなく、これまで実際に顧客と関わる中で蓄積してきた、深い顧客理解にひもづく知識を用いること
・あくまで仮のペルソナは暫定版なので、仮のペルソナをもとにしてデザインした製品や、発想した施策アイデアなどは実際にプロトタイプを具現化しその有効性を検証すること
・プロトタイプ検証を通して得られた知見や正しい顧客理解の情報を仮のペルソナにフィードバックし改良していくこと

プロジェクトの制約条件によってリサーチに基づいてペルソナを作成できない場合でも、自分たちの中に蓄積されている顧客理解を解き明かすことで暫定的な仮のペルソナをつくり、ビジネスや製品・サービスデザインのアイデアを発想してプロトタイプとして具現化し、有効性を検証する活動を通して結果的にペルソナのクオリティを上げていくことが大切なのです。

1　このように、ひとりの人間の中に複数の人格（自分）が存在しているという考え方を、作家の平野啓一郎氏は「分人主義」と呼び、次のように語っています。

「分人」とは、対人関係ごとに生じる様々な自分のことだ。一人の人間は、複数の分人のネットワークでできており、「本当の自分」という中心は存在しない。私は、近代的な「個人」という考え方の限界を乗り越えるために、「分人」の概念を発想した。

（平野啓一郎『自由のこれから』、ベストセラーズ、2017）

つまり、人間はたったひとりでこの世に存在しているのではなく、数多くの他者との関係性の中で、その時々に応じて「自分」というものをつくりあげているため、結果的に対人関係の数だけ複数の「自分」が存在するのです。社会のデジタル化によって、対面だけではなく、SNSといったオンライン上の人間関係も加わり、対人関係はより複雑さを増しています。そうしたなかで、「分人主義」の考え方はますます重要になっていくでしょう。

2　現在は米国の金融機関であるキャピタル・ワン（Capital One）によって買収され、インハウスのデザイン部門になっている。

本章のポイント

☑ 会話や行動などの質的な情報は、調査協力者が期待する「価値」と、状況の中でつくられる「文脈(コンテクスト)」が絡み合っているため、それらを切り離して「価値」だけを取りだすことで扱いやすくなる。

☑ 価値抽出法の一つであるKA法は、発言や行動などの事実→心の声→価値、という変換手順によって質的情報から純粋な価値を抽出するのに有効である。

☑ 抽出された「価値」を、価値同士の関係性や構造をマッピングすることでつくる「統合価値マップ」は、複雑な価値の全体像を捉えやすくするのに有効である。

☑ ペルソナを作成する際には、ペルソナが「なにを(What)」、「どのように(How)」したいか、だけではなく、それらを「なぜ(Why)」したいと考えるのかを描きだすことが重要である。

☑ ペルソナにとって有益な製品・サービス体験を描きだしアイデアを発想する際には、顧客と製品・サービスのフロントステージを描くカスタマージャーニーマップだけでなく、組織やシステムを含むバックステージをあわせて描くサービスブループリントの方が複雑なビジネスの最適な全体像を考えるうえで役に立つ。

第6章

「問題解決」から、「未来の問いづくり」へ

「プロダクトアウト」vs.「マーケットイン」の誤解

第5章では、顧客が語ることのできないニーズを理解する方法について学びました。顧客の「声にならない声」に耳を傾け、深く理解することで新しい解釈を生みだすことの大切さについては、皆さんもよく理解されたと思います。このように、顧客や市場の声を聞くことでニーズを理解し、そのニーズに応える製品やサービスをつくる考え方を「マーケットイン」と呼びます。逆に、企業が新しい技術を活かし、これまで市場になかった新しい製品を世の中に送りだす考え方を「プロダクトアウト」と呼ぶことはご存じの方も多いかと思います。これまで、市場と顧客のニーズを重視するマーケットイン発想に対して、技術を中心としたシーズ起点のプロダクトアウト発想は「作り手都合」の考え方だとされ、顧客中心であることが良しとされる昨今のビジネスにおいては良くない考え、古い考えだとされてきました。しかし、本当にマーケットイン発想は良くて、プロダクトアウト発想は良くないのでしょうか？

マーケットイン発想が重視され始めた背景には、大量生産・大量消費が急速に進んだことによって時代の曲がり角を迎えたことが影響しています。世の中にたくさんの製品が溢れたことによって、多くの製品は似通ってきて差別化が図れなくなりました。そうなると、顧客は選択肢が増えますので、企業にとって自社製品が選ばれる確率が減ってしまいます。

かつては新しい技術を使って新しい製品をつくってさえいればある程度勝手に売れていたのに、顧客の望みに応えた製品をつくらないと選んでもらえない、買ってもらえない時代になったわけです。そのような時代の変化の中で注目されたのが、企業がつくりたいものや技術的につくれるものをつくるプロダクトアウト発想ではなく、「顧客が望むもの」をつくるマーケットイン発想でした。そして、多くの企業は売れる製品をつくるために、こぞってマーケットイン発想に製品開発やマーケティングの舵を切り直したのです。

このように書くと、たしかにマーケットイン発想は顧客中心の考え方だし、企業にとってはリサーチなどを通して確信を得られた顧客ニーズを拠り所にして製品を考えることができるのでリスクを抑えられるし、と良いことずくめのように見えます。ところが、そこに落とし穴が潜んでいるのです。

・企業は、失敗するリスクを恐れて、リサーチから得られた「同じようなニーズ」だけを扱おうとする
・市場には、顧客のニーズを満たす「よく似た製品」ばかりが溢れる
・顧客の声を集める伝統的なマーケティングリサーチからは、顧客が未だ語ることができないレベルのニーズや、まだニーズにすらなっていない「未来の欲求」については扱うことができない
・顧客にとって、期待や想像を超えるような「驚きを与えてくれる」製品は市場に出てこない

つまり、「今あるもの」を、市場ニーズを起点により良くすることはできるけれども、世の中に「まだないもの」を考えるには、マーケットイン発想は向いていないのです。たしかに顧客にとっては、自分が「欲しい」と思っている製品やサービスが手に入ることは嬉しいし、役に立つし、満足もするでしょう。でも、自分自身が想像できる範囲の良くできた製品やサービスばかりだと、なんだか少しつまらないですよね？

生活必需品がだいたい行きわたり、技術の進化などでだいたいの製品が必要十分な性能や機能を兼ね備えてしまったこれからの時代に、わたしたちは便利なものやニーズを満たしてくれるものだけではなく、日々の生活に新しい楽しみやワクワクする体験を教えてくれるようなものにこそ価値を感じるのではないでしょうか。

かつて、マーケットイン発想は、行き過ぎた「作り手視点」であるプロダクトアウト発想を乗り越えようとしました。しかし今、行き過ぎたマーケットイン発想もかつてのプロダクトアウト発想と同じように限界に直面しています。

この問題を乗り越えるために必要なことはなんでしょう？　それは、プロダクトアウトか、マーケットインか、という二項対立的な考え方をやめることです。

イノベーションは「贈り物」

イタリア・ミラノ工科大学でマネジメントを研究し、現在ストックホルム商科大学で教鞭をとるロベルト・ベルガンティは、このプロダクトアウトとマーケットインの二項対立に疑問を持ち、どちらでもない第三の道を提案しました。それが、「意味のイノベーション」です。意味のイノベーションとは、技術革新によるイノベーションでも、市場ニーズに対して革新的な方法で応えるイノベーションでもなく、ユーザーにとって製品が与える「意味」を革新することでイノベーションを生みだそう、という考え方です。

製品の「意味」を革新した例として、ベルガンティは著書『突破するデザイン』（日経BP）でロウソクを挙げています。

ロウソクは祭礼用などの特殊な用途を除けば、本来製品が持っていた「空間を明るくする」という意味においては時代遅れなものと言えるでしょう。電気による照明製品がこれだけ進化した現在では、持ちが悪く、火を扱うという点で危険性もあるロウソクをわざわざ日常的な照明器具として使うひとは多くはないはずです。

しかし、その予想に反してロウソク産業は一九九〇年代から売上が急上昇し二〇〇〇年にピークを迎えました。その後もヨーロッパにおいては、堅調に市場は伸びて、売上は安定化しつつあるものの、市場全体の利益は約一八%も増加していると言います。景気後退傾向にあったこの時期にこれだけの利益増加を生みだしていることは驚くべきことです。

なぜ、ひとびとはロウソクを買うのでしょう？　その背景には、ロウソクの持つ「意味」の変化がある、とベルガンティは分析しています。

ロウソクがもともと持っていた意味は「周囲を明るくする」という照明としてのものでしたが、時代や社会の変化、そしてひとびとの生活習慣や価値観の移ろいの中で、今では「空間をほんのり暗くしてリラックスした雰囲気をつくり、一緒に過ごす誰かとの親密さを演出する」という意味に変化したのです。火を灯すという「機能」はなにも変わっていないにも関わらず、ロウソクがひとにもたらす「意味」がガラッと変化したことで、一見伸びる余地もなさそうな市場が未だに成長しているのが面白い点です。

このようなロウソクの持つ「意味」の変化をいち早く察知したヤンキー・キャンドルという米国のメーカーは、従来のロウソクにはなかった工夫を製品に加えました。それが、「良い香り」と「炎を隠すようにデザインされた容器」です。もはや照明としての役割から意味が変化したロウソクは、明るさよりも、リラックスした気分と親密なムードをつくることが価値になります。それを実現するのが、いい香りと明るすぎない柔らかい灯りだったのです。これに目をつけたヤンキー・キャンドルは従来のロウソクとは一線を画する製品を高価格帯で売りだしヒットさせました。その結果、業界ではかなりの後発企業にも関わらず、業界トップに上りつめることができたのです[1]。

このロウソクの例を見ると、「結局はロウソクに対するひとびとのニーズの変化を捉えて、それに応えたってことじゃないの？」という疑問を持つ方もいらっしゃるかもしれません。一見、そのようにも見えますが根本的に違います。ヤンキー・キャンドルは、顧客の望みに応えてロウソクに良い香りをつけ、いい感じに灯りが映る容器にしたのではなく、ロウソクの新しい「意味」をひとびとが理解して楽しめるように、まだないニーズに先回りして新しいロウソクのあり方を「提案」したのです。その意味では、意味のイノベーションは「意味」の革新による新しいプロダクトアウトのあり方とも言えるのかもしれません。

時代の変化や環境が移ろう中で、ロウソクの意味が変化していることを多くのひとが感じはじめているけれども、「癒やされたいからいい香りにしてくれ」や「部屋をいいムードに演出したいから容器のデザインを刷新してほしい」といったような、具体的なニーズとしては表れていない状態があるとしましょう。そのような「顧客にとっては未だニーズが明確化されていない」状況において、製品（のデザイン）を通してひとびとに新しい「意味」を、つまり「ロウソクを使うことで生活を楽しみたい」という新しい欲求に気づくきっかけを与えることが「提案」なのだと言えるでしょう。これは、顧客のニーズを理解しそれに応えることと似ているようで、全く違うことなのです。なぜなら、新しい「提案」には勇気がいるからです。

顕在的であれ潜在的であれ、すでにある顧客ニーズを捉えてそれに応えることは、ある程度合理的に説明がつきます。そのニーズが期待であれ不満であれ、それらを解決することは顧客にとって絶対にマイナスにはならないからです。しかし、まだニーズになっていない新しい「意味」を持った製品を提案することは、顧客がその新しい「意味」を理解できるかわからない時点で先周りをして、「このひとをもっと良い状態にしてあげたい。楽しませてあげたい」という信念を持ってリスクをとることが必要になります。

つまり、不確実なことにチャレンジする勇気が求められるのです。

「ユーザー」というまぼろしの存在

企業の経営判断にとって重要なことの一つは、いかにあらゆる変数を管理しリスクを減らすかですので、合理的な説明をつけることができる徹底したマーケットイン発想は相性が良い。けれども、ひたすらリスクを回避して合理的な説明がつく製品やサービスばかりをつくり続けてきた結果、今なにが起きているでしょうか?

十分使える、文句のつけどころのない製品やサービスは世の中に溢れているけれども、生活に新しい楽しみやワクワクする気持ちに気づかせてくれるような「これじゃなきゃダメなんだ」というものが市場にどれだけあるか。多くのものがだいたい良くできていて、十分な機能や品質を備えるようになった豊かな時代だからこそ、マーケットイン発想によるニーズドリブンな姿勢は当然のこととして努力したうえで、同時に「顧客や社会をこのように良くしたい」という強い信念と想いを込めたビジョンドリブンな製品・サービス発想が重要になるのです。

このような考え方をベルガンティは「贈り物」の比喩を使って説明しています。ベルガンティは、贈り物をする際には贈る相手に欲しいものを聞いてはいけない、と言います。なぜなら、そのような贈り物は相手の期待を上回ることはないし、相手の世界を拡げてはくれないからです。だからこそ、本当に喜んでもらいたい相手には、「どうすれば相手を幸せにしてあげられるか?」必死に考えて見つけなければならないと言うのです。相手の欲しがっているものをあげることは簡単だし、喜んでくれる可能性は高いでしょう。反対に、相手に感動を与えたり、時間が経ってから「あの時あなたにもらったこの贈り物で人生が変わった」と言ってもらえるような贈り物をすることは勇気がいります。なぜなら、すぐには贈り物に込めた意味を理解してもらえなかったり、相手にとって「今すぐ」役に立つものではない場合もあるからです。合理的で説明のつくことばかりを重視するならば、相手の求めるものを差しだしてあげるのが正解かもしれませんが、そのようなことばかりを考えていると、わたしたちの目には製品やサービスを提案してあげるべき対象者が「ひとりの人間」でなく「ユーザー」という記号のような存在に映り始めてしまうのです。そして、ユーザーは誰もがなにかしら解決したい問題を抱えていて、その問題を解決したがっている、と考えてしまいがちになります。

ベルガンティは『突破するデザイン』の中で、自分の三人の子どもたちについてこう書きました。

彼らが生まれた時、「歩く問題とニーズ」をこの世に送り出したつもりはない。……もちろん、ひとびとは問題やニーズを抱えており、わたしたちにはそれを解決する責任がある。しかし、人生にはもっと大切なものがあるとわたしは信じている。

（ロベルト・ベルガンティ『突破するデザイン』）

わたしたちが価値を提案すべき相手は、「ユーザー」という無機質な存在でも「歩く問題とニーズ」でもなく、人生を楽しく幸せに生きたいと願う「ひとりの人間」です。ユーザーニーズを理解し充足できるようにすることは当然として、さらにユーザーをひとりの人間として尊重すること。そして、そのひとたちの人生をより良いものにするために自分たちが提案すべき「意味」を、それぞれの企業が信念に基づいて製品やサービスを通して提案することが、これからの時代にサービスデザインを行ううえでますます大切になるのです。

まだないものをどうやって考える？
――顧客からあえて距離を置いてみる

とはいうものの、言うは易し行うは難し。そもそも現時点でニーズにもなっていない、言うなれば「近い将来、ニーズになりそうなこと」を知ろうとすることは簡単ではありません。ましてや、今は「まだないもの」について考えようとすると、そもそも「ユーザー」が現時点では存在しないのでユーザーリサーチすらできないという壁にぶち当たります。

では、どうすればいいのでしょう？　本書では一つのアイデアとして、一度「ユーザー」から距離をとることをおすすめします。または、「今の標準的なユーザーや消費者」から離れてみる、と言った方がいいかもしれません。

「今の標準的なユーザーや消費者」とはどんなひとか。たとえば、対象とする製品が仮にスマートフォンである場合、「スマートフォンを常識的な使い方や目的・用途で使っているひと」がそれにあたります。そのようなユーザーからは、常識的な目的や使い方で使用する範囲の中でのニーズや問題を知ることはできるかもしれませんが、それを超えた特殊なニーズや問題は出てきません。常識の範囲内のニーズや問題を合理的に解決しても、大きなイノベーションにはつながらないのです。

ところが、現状の常識を超えたニーズや問題を語ることができるひとが稀にいるのです。それは、「常識の範囲を超えた用途、使い方、状況でスマートフォンを使っているひと」です。たとえば、極端に高度な知識や知的好奇心を持ったデジタルガジェットマニアのようなひとたちを想像してみてください。そのようなマニアックなユーザーたちは、二台持ちどころか五台も六台もスマートフォンやモバイル通信機器を持ち歩き、それぞれの機器ごとに用途や使う目的を分けていたりします。そのうえ、普通のユーザーがスマートフォンを使って日常的に行うようなことではない「普通じゃない」使い方をしているのです（スマートフォンをウェブサーバーの中継機として用いたり、外出時のアプリ開発のための専用機にするなど）。そのようなマニアのようなユーザーは、メーカーが「常識的なユーザー」向けに用意している機能や性能では満足できなくなります。すると、自分で工夫をして製品を改造したり、新しい使い方を「発明」したりするのです。

このようなユーザーは企業の想像を超えるような極端に先進的なニーズを持っているこ

とから「リードユーザー」（ヒッペル『民主化するイノベーションの時代』参照）と呼ばれます。リードユーザーは、標準的なユーザーと比べて極端にレベルの高い知識や好奇心を持っていて「先進的」であるという点で市場においてユニークな存在なのです（最近では、このようなリードユーザーをリサーチすることで普通のひとでは気づかないような先進的なニーズのヒントを得る「リードユーザー法」というリサーチ手法を導入する企業も増えてきています）。

また、これとは違った意味で極端なニーズや問題を抱えているひとたちも存在します。それは、「普通のひとと同じような使い方で製品が使えないひと」や、「常識的な使い方をできないひと」、もしくは「こだわりがあって普通の使い方をしたくないひと」です。たとえば、障碍《がい》のあるひとはその典型でしょう。他にも食品などの製品領域だと宗教上の理由でいろいろな制約があったり、個人的なこだわりや信条から一般的な価値観でつくられている製品やサービスをそのままの状態では使用・利用できない、しづらいひとたちもいます。

そのようなひとたちも理由は違えども、常識的な考え方で製品やサービスと関われなかったり、したくないという理由を確固として持っている点でリードユーザーと似ています。リードユーザーも含めたこのようなひとたちのことを、極端な「事情と理由」を持っ

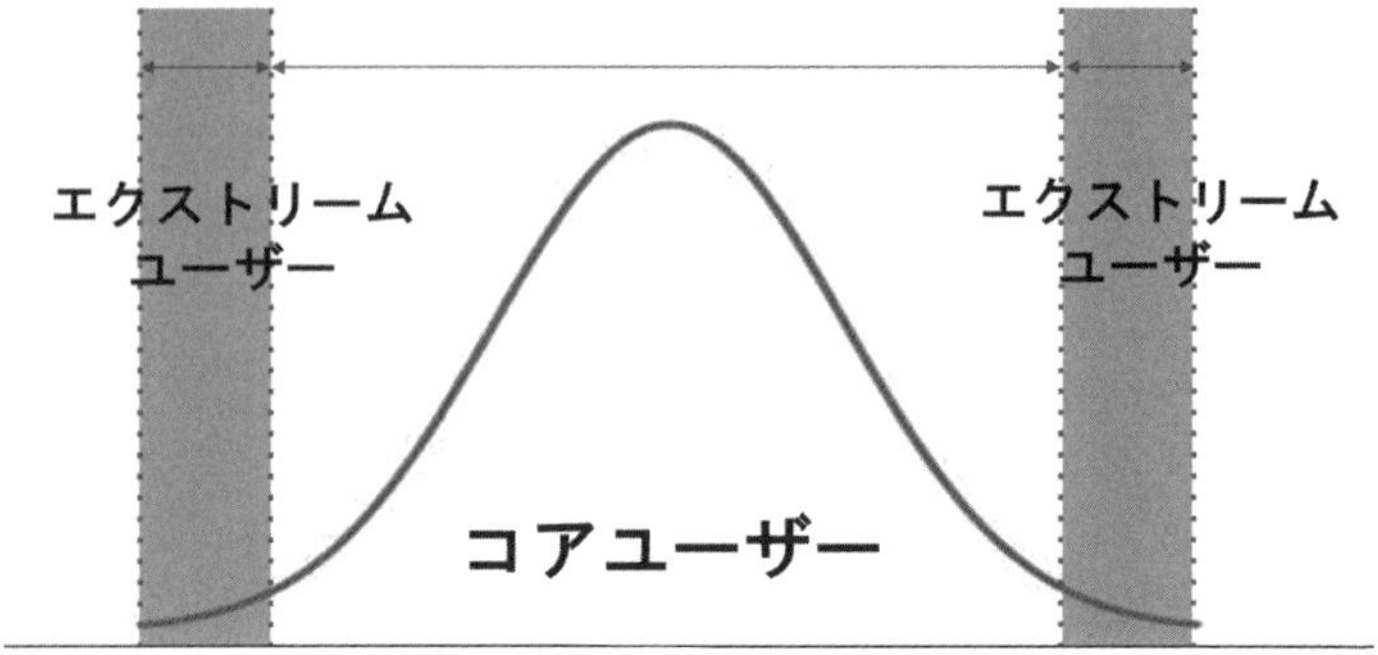

図表6－1　エクストリームユーザーの分布イメージ（著者作成）

ている消費者たちという意味で「エクストリームユーザー」（Lüthje et al, 2002）と呼びます。

エクストリームユーザーは、常識的なユーザー（コアユーザーと呼びます）があまり意識せず漫然と製品を使うのとは違って、とても意識的に製品と関わっているので、普通のひとでは感じることのない問題や欲求、葛藤を抱えています。そのような欲求や葛藤に気づき、理解することが、今はまだ多くのひとが気づいていない「未来のニーズ」を知るための貴重なヒントをもたらしてくれるのです。言ってみれば、エクストリームユーザーは普通のひとにはまだ見えていない「未来が見えるひと」なのかもしれません。このように、市場のど真ん中ではなく周縁で起きつつある極端な変化や新しい兆しに注目し、その意味を理解しようと努力することが、さきに書いた「今の標準的なユーザーや消費者から距離をとってみる」ことなのです（図表6－1）。

こうした考え方はこれまで論じてきた「ユーザー中心発想」をさらに大きな視野から捉え直した「ユーザー〝脱〟中心発想」とでも表現できるような考え方なのかもしれません。サービスデザインにおいて新しい価値を顧客や社会に生みだすためには、ユーザー中心発想はもちろんのこと、生みだすべき製品やサービス、ビジネスのテーマによっては、時に「ユーザー〝脱〟中心発想」を取り入れることも既存の枠組みを脱するアイデアづくりにつながるのです。

「未来の当たり前」がひとと社会を幸せにする

リードユーザーやエクストリームユーザーの行動や習慣の変化を観察することを通して常識的な視点の外側にある欲求を探索することは、言うならば今はまだ一見特別に見えることや、贅沢に思えることをいずれ誰もが当たり前のようにできるようにする「未来の当たり前」を見つけだしていくことだと言えるでしょう。ひとは進化を求める生き物です。以前は贅沢だと思ってやろうとしなかったことや、できなくて当たり前だと諦めていたことでも、それが苦労せずにできるという経験を一度してしまうと、その喜びや恩恵を忘れることはできません。そして、そのような経験を何度も繰り返していくうちに、かつて特別だと感じていたことやガマンして受け入れていたことが、日々の生活の中で欠かせないもの、できて当たり前のことになっていくのです。

ヒット製品の開発やベンチャー企業論の専門家である三宅秀道さんは、著書『新しい市場のつくりかた』（東洋経済新報社）の中で、発売当時は一部のひとにしか受け入れられなかったシャワー付き温水便座が日本において日常的な文化に組み込まれ、今や欠かせないものになったことについて書いています。そしてさらに、少し前まではそれほど必要性を感じるひとが多くなかったであろう便座の自動開閉機能すらも、その快適さに慣れてしまうとその装置がないトイレに入った時にストレスを感じるようになっていくだろう、とご自身の体験も含めて語られていました。イノベーション研究の大家として高名なクレイトン・M・クリステンセンは『ジョブ理論』（ハーパーコリンズ・ジャパン）の中で、「顧客はある特定の商品を購入するのではなく、進歩するために、それらを生活に引き入れる」と述べています。ひとはいつの時代も、日々の生活をもっと良いものにしてくれる製品や、自分を進歩させてくれる体験を欲しているのです。そのようなひとの欲求に寄り添い、「未来の当たり前」を考え、それを実現する製品やサービスを提案していくことは、ひとと社会を今よりもっと幸せにしていくことになるのではないでしょうか。

しかし、そのような発想で生みだされた製品やサービス単体では「未来の当たり前」を実現することはできません。未だ多くのひとびとが認識していない未来のニーズを先取りする「まだないもの」を当たり前のものとして根付かせていくためには、その製品やサービスが持つ新しい意味や価値がひとびとの生活や社会に埋め込まれる仕組みも同時にデザインしていくことが必要になるのです。第5章でサービスブループリントを使って様々なステークホルダーにとってきちんと価値が循環するようビジネスのエコシステムを構築するために、製品やサービスのフロントエンドとバックエンドの両面をデザインすることを学びましたが、それに加えて、さらに新しい意味や価値をひとびとが受け入れやすくするための状況をつくることや、初期段階での導入のハードルを下げるための仕組みをデザインすることもサービスデザインが扱う領域の一つです。このような初期段階での新しい製品やサービスの導入（採用）ハードルを下げるための体験や仕組みをデザインすることは

「アダプション（adoption：採用）」（リーズン他『ビジネスで活かすサービスデザイン』参照）のデザインと呼ばれ、サービスデザインにおいて特に重要だとされています。

つまりサービスデザインとは、新しい意味と価値を持つ製品やサービスそのものをデザインすることだけでなく、それらの製品・サービスが持つ意味や価値が社会に受け入れられ、浸透し、根付いていくための最適な環境や状況を考えてかたちにする実践活動のことなのです。そして、そのような実践を通じていずれは新しい「文化」を生みだしていくことまで視野に入れながら考えていくことだとわかっていただけると嬉しいです。

1　詳細はTED x Talksでのベルガンティの講演を参照。'Meaningful innovation in a World awash with ideas'; https://www.youtube.com/watch?v=WDn3yQKfpqY

本章のポイント

- ☑ 成熟した製品領域においては、プロダクトアウト発想とマーケットイン発想を二項対立的に扱うのではなく、「意味の急進的な変化」に着目する「意味のイノベーション」の視点が新たなイノベーションの可能性を切り開く。

- ☑ ひとは、問題解決を求めているのではなく、自分自身を進化させてくれるものや、自分にとって特別な意味があるものを欲している。

- ☑ 今はまだニーズとして自覚されていない、将来的な欲求の兆しを捉えることで「未来の当たり前」になるような機会を見つけることがイノベーションの糸口となる。

- ☑ サービスデザインでは、革新的な意味を持った製品やサービスを世に出す際に未だ広く認識されていない新たな便益や有益性をひとびとに理解させることで採用（アダプション）に至るプロセスや体験をデザインすることもデザインすべき重要な範囲となる。

第7章

「お客様は神様です」から「顧客との共創」への転換

お客様「だけ」が神様だとみんな不幸になる

さきほどの第6章では、「ユーザー」という存在をどのように考えるべきかについて考えましたが、少し別の観点から「お客様」という存在について考えてみましょう。

日本では、どんなお店に行ってもとても丁寧な接客でお客さんを大切に扱ってくれます。この店で一番偉いのはあなたですよ、という文化は「お客様は神様です」[1]という言葉で表現され、今では日本の客商売において半ば当たり前のことのように浸透しています。

お客様はお金を払っているんだから一番偉い。なにを言っても、なにを要求しても許される。といった風潮は時代を経るごとに強まり、昨今ではコンビニの店員に高圧的な態度をとり、謝罪させる様子をSNSに投稿してひとびとの注目を引こうとするひとたちも現れる嘆かわしい状況になってしまいました。

本当に「お客様は神様」なのでしょうか？　お客様「だけ」が神様になってしまったらなにが起こるのか？　ちょっと考えてみましょう。

少し前に「ワンオペ問題」という社会問題がニュースなどで話題になりました。ワンオペとは、二四時間営業のファーストフード店などが深夜帯にシフトに入ってくれるアルバイトなど労働力確保に苦労しているという背景を受け、本来はホールとキッチンにせめて一人ずつ計二人くらいの体制が必要なところを無理やり一人のスタッフでやりくり（オペレーション）している過負荷な労働状態を指します。このようなワンオペ状態が広がり、慢性化するとどうなるでしょう？　今や労働市場は売り手市場ですから、アルバイトを希望するひとたちからすれば条件を緩めさえすればわざわざこんなにしんどいお店を選ばなくても、他にもう少し負荷の少ないお店を選ぶこともできます。そうすると、ますますワンオペ傾向になるお店にはひとが集まらなくなります。

本来であればそんな中でも一生懸命働いてくれようとするスタッフのために時給を上げたり、休日を設けるなどの待遇改善が必要になるため、その原資となる利益を増やす、営業形態を思い切って変更するなどといった変革が必要になりますが、「お客様は神様です」精神がそれを許しません。お客様は、いつでも店は開いていて、低価格で迅速に美味しい商品を提供してくれることを望んでいるんだから、それに応えなきゃいけないという強迫観念です。

たしかにお客様は喜ぶかもしれないけれど、働いてくれているひとたちだけに大きなしわ寄せがいき、スタッフを確保できなくなります。そうすると、なにが起こるでしょう？　二四時間営業ができなくなったり、商品の値上げを余儀なくされる。その結果、お客さんにとっても、いつでも開いている安くて早くて美味い店を失うことになるのです。

同じようなことは、ソフトウェアやスマホアプリの世界でも起きています。ソフトウェアやアプリには、作者である開発者が無償配布してくれているものがあります。これらのフリーソフトやフリーアプリは作者にとって、ユーザーが便利に使って喜んでくれることや、より良いアプリにするための意見や感謝のフィードバックを得られることが楽しみで、それを励みにボランティアで配布してくれている場合が少なくありません。そのような作者とユーザーの良い関係が維持されている間は良いのですが、そのうち感謝の気持ちもなく、自分の要望ばかりを作者にリクエストするわがままなひとたちが現れます。自分はお金を払わず、感謝の気持ちも示さずに他人の好意にタダ乗りする「フリーライダー」と呼ばれるひとたちです。フリーライダーは、自分勝手な要求ばかりを投げつけ、対応がないと非難してアプリの評価を下げたり、悪意ある口コミを拡げたりします。そうすると、作者はボランティア精神を維持できなくなり、アプリの開発をストップしてしまっ

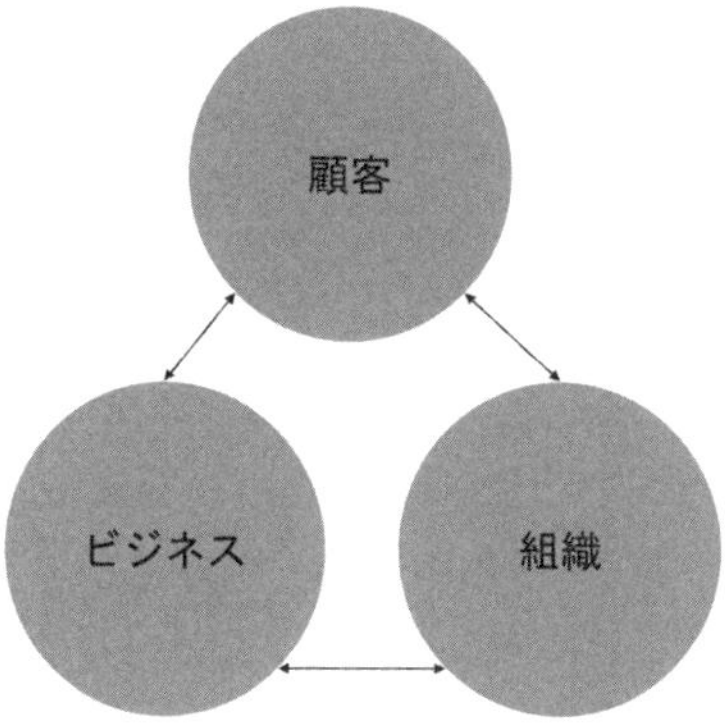

図表7－1　サービスデザインにおける顧客―ビジネス―組織の関係
（ベン・リーズンらの考え方をもとに筆者作成）

たり、公開をやめてしまったりすることもあるのです。その結果、好意的なユーザーすらもそれらを使うことができなくなります。こうなると、誰にとっても不幸ですよね。

ビジネスにおいてお客様を大切に扱うことは当然重要なことですが、お客様「だけ」が超越的な存在のようにビジネスを設計してしまうと、ご紹介したような不幸なことが起きてしまうのです。そんな不幸なことが起きないように、製品やサービス、そしてビジネスに関係する主要な関係者すべてにとって価値が行きわたる状態をつくっていこうとするのがサービスデザインの考え方です。

世界的なサービスデザイン会社であるリブワーク（live|work）のベン・リーズンらは、『ビジ

ネスで活かすサービスデザイン』（ビー・エヌ・エヌ新社）の中で、サービスデザインは「顧客」と「ビジネス」、「組織」をつなぐと言っています（図表7－1）。

顧客の期待に応えつつ自社にとっての重要な事業方針（経営戦略やビジネスゴール）もあわせて良い方向に向けていくためには、なにを重要視したビジネスにすべきか？　そのような顧客と自社にとって良好なビジネスを持続的に実践するために組織はどうあるべきか？　組織の構成員（従業員など）が互いを理解しあい、モチベーションを感じながら自律的に動けるようにするために必要なことはなにか？　そのような視点からビジネスのあり方を考えることによって、顧客―ビジネス―組織が有機的に連携し始めるのです。

価値は、お客様と一緒につくられる
――「コ・デザイン」的マインドセット

モノづくりとサービスを明確に分ける考え方の一つに、「価値は顧客との共創によって生まれる」という考え方があります。モノづくりでは、多くの場合、工場などでモノが製造され、完成品としてのモノを手に入れることで顧客は価値を得ます。この場合、モノそのものに価値があると考えるならば、価値がつくられている現場（工場など）に顧客は一切関わりを持っていないことになります。つまり、モノづくりの舞台裏が顧客から見えなくなっているのです。

ところがサービスはそうではありません。モノを伴わない純粋な経験としてのサービスであれ、モノを伴うサービスであれ、すべてのサービスはサービス提供を行う誰か（アプリや情報、ロボットや装置のような非人間アクターも含む）によって顧客の目の前で行われます。そして顧客は、サービスを受ける際に知らず知らずのうちにサービスに関わっているのです。言うなれば、サービスとは、完成品のサービスを提供者が一方的に顧客に提供するのではなく、両者が関わり合った瞬間に完成品となるという考え方なのです（上平崇仁『コ・デザイン』参照）。

第1章のコラムでご紹介した「サービス・ドミナント・ロジック」（SDL）という考え方では、「企業は価値を提供できず、価値提案しかできない」と表現しています。サービス的な考え方でつくられたビジネスにおいては、企業が製品やサービスを顧客に送り届ける段階ではまだなんの価値もない状態で、顧客がそれらを受け取って使用し経験することで初めて価値がつくりだされるということです。

そのように考えるとサービスデザインで重要なことは、顧客を神様のような超越的な存在として扱わず、積極的に自社のビジネスに関わってもらうべき重要な登場人物のひとりとして考えることだと言えます。ですので、サービスデザインでは、顧客やユーザーだけでなく、従業員や協力会社など様々な関係者を「アクター」と呼び、ビジネスをつくりあげる舞台の重要な役者として扱うのです。そしてアクターは人間だけでなく、店舗のような場所や施設、ＩＴシステムのような情報ネットワークなど、人間以外の要素も含めた概念だということもとても大切なポイントになります。つまりは、顧客や様々なアクターと一緒にサービスをつくりあげていくということ。すなわち、「共同でデザインする＝コ・デザイン」的なマインドセットでビジネスを考えるということが大切なのです。

かつて多くの製品は、工場でモノがつくられ、店頭に運ばれて並べられた状態で顧客がお金を払って買う、というシンプルな取引でやりとりされていました。しかし、デジタル技術が発達し普及した現代では、大きく様変わりしています。

ＢＴＯ形式（ビルド・トゥ・オーダー：細かい仕様を選べる仕組み）のパソコンやスマホを例に挙げると、まず最初に顧客はネットを使って製品をオーダーしますが、その際にメモリや記憶ディスクの容量、外装の色やディスプレイ解像度などを自分の好みでパーツを選択しカスタマイズします。その時点で製品は工場内では完成しておらず、オーダーを受けてからパーツを組み上げ完成品に仕上げた後に出荷。送られた製品は配送業者の手を経て運ばれますが、日中仕事で自宅を空けがちな顧客は受け取り方法に最寄り駅に設置された宅配ボックスを指定。配送業者から送られた配送完了の連絡をメールで受け取ると顧客は仕事帰りの都合にあわせて帰宅時に宅配ボックスで製品を受け取り自宅に持ち帰る、というような非常に複雑なプロセスを経て、ようやく製品は顧客の手にわたるのです(2)。

このような道のりは、とてもたくさんのアクターが関与してつくりあげられていきますが、登場人物は人間だけでなく、注文のためのウェブサイトや、事前に現物を確認するための量販店の店頭、そして配送状況を確認するための荷物管理アプリや宅配ボックスなどの人間以外のアクターも至るところで関与します。

さらに、これらのアクターは顧客が経験する表舞台だけでなく、従業員や協力先企業が担当する舞台裏と、その舞台裏をちゃんと成立させるための人間以外の要素が複雑に絡み合ってつくりあげられていく必要があるのです。サービスデザインの観点からビジネスに関わる多くのアクターにとって最適な状態をデザインするためには、これらの多岐にわた

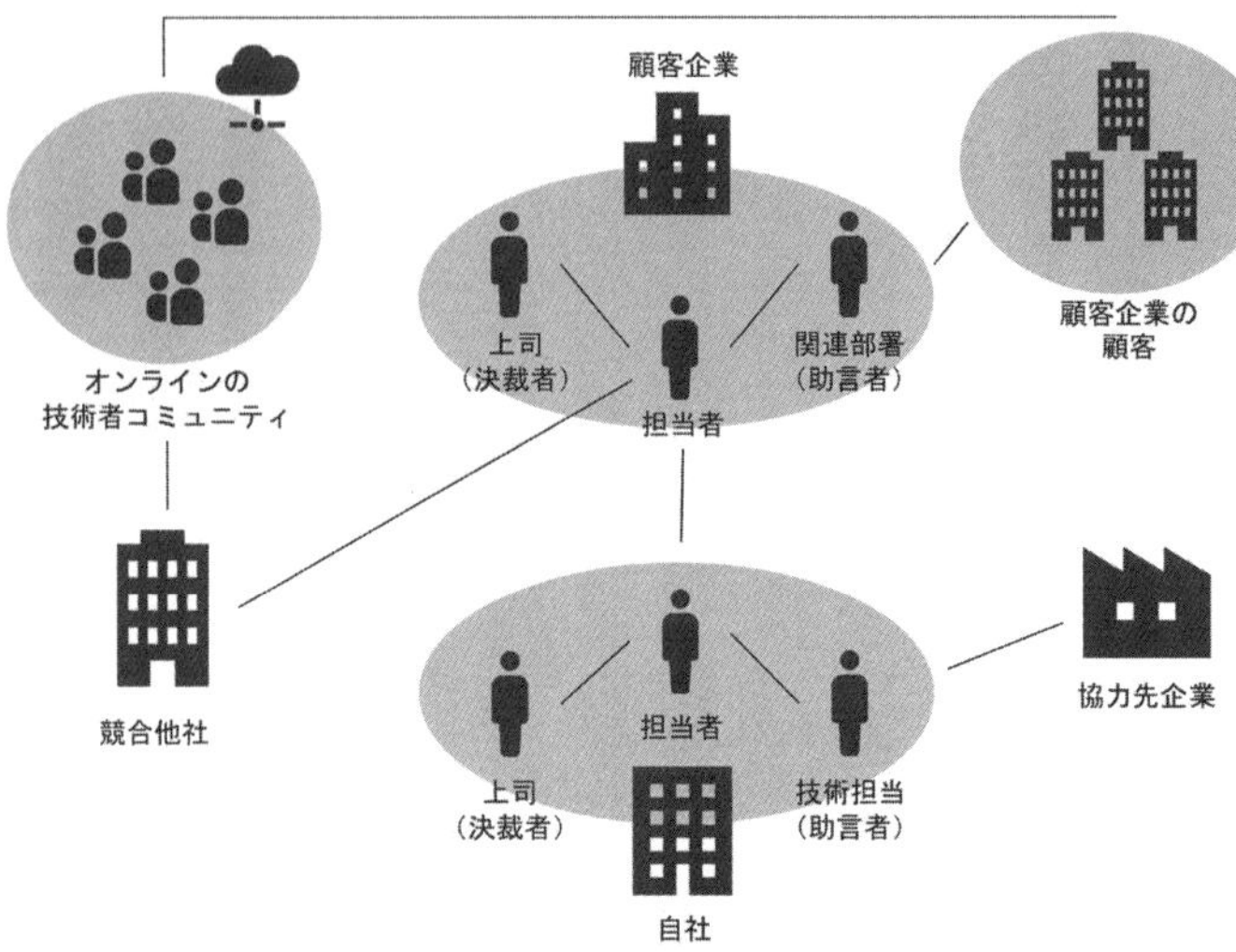

図表7－2　ステークホルダーマップのイメージ（筆者作成）

るアクターと、アクター間の関わり合いの全体像を把握し理解することが、理想的な全体像を構想するために欠かせません。

その整理と理解のために有効なツールが、「ステークホルダーマップ」です（図表7－2）。

優れたサービスデザインを実現させる「価値のエコシステム」

ステークホルダーマップは、顧客へのサービス提供におけるステークホルダー（利害関係者）の関係性を可視化したもので、ステークホルダーの間で価値がどう移動していくかの整理や、ステークホルダー間の相互行為（インタラクション：関わり合い）がどのようになっているかの把握、そして、価値の移動と循環を持続的にするにあたって現状ボトルネックになっている問題領域を明確化する目的で作成されます。ここで言うステークホルダーはそのまま「アクター」と捉えてもいいでしょう。ビジネスの仕組みや構造が複雑化する昨今では、ステークホルダーマップにおいて、企業が直接関与するアクターだけでなく、社会インフラや地域社会も視野に入れることも重要な視点になります。どうしてかと言うと、たとえばシェアリングエコノミーのような仕組みによって成り立つビジネスであれば、企業の保有する資産や直接的に関わることができるアクターだけでなく、世の中の消費者個人が所有するモノやスキルも大切なアクターになりますし、ビジネスの内容によっては人的リソース確保のために、事業展開する地域において雇用促進を促すなど、金銭的な価値だけでなく社会的な貢献価値で地域社会と関係性を築く必要性、も考えられるからです。

このようにステークホルダーマップを用いることで広い視野でアクターを捉え、自社のビジネスと関わる可能性のある多様な関係性ネットワークを理解したうえで最適なビジネス設計を行うことによって、どのアクターにとっても価値が分配・循環される状態をつくっていくことができます。価値が分配・循環されるビジネス（製品やサービス）は破綻することがないので、顧客―ビジネス―組織にとって良い状態を持続可能にするのです。そして、持続可能な「価値のエコシステム」をデザインすることこそが、サービスデザインの真骨頂なのだということをぜひ理解していただきたいと思います。

コラム5

「お・も・て・な・し」の誤解

少し話は変わりますが、皆さんは「おもてなし」という言葉を耳にしたことがおありかと思います。日本では、お客をもてなす際の基本的な姿勢としてわたしたちの日常的な文化にすっかり浸透していますが、実はこの「おもてなし」、本来の意味とはかけ離れていることをご存じでしょうか？

おもてなしの定義には諸説ありますが、ある研究（長尾・梅室、2012）では、

相手を喜ばせ、満足してもらうために相手の立場に立ち、相手の目的・状況・ニーズに合わせて気配りしそれに基づいて行う直接的または間接的な行為

と、定義されています。また別の研究（寺阪・稲葉、2014）では日本のおもてなしの特徴として次の三点が挙げられています。

①「ルール」に基づいていること
②ビジネスではなく、ひとりの人間として接しているようであること
③「できないことはない」という、限界を感じさせない対応力

これらの定義を見ると、たしかに「おもてなし」は、利害度外視で行われる無私の奉仕

行為に見えるかもしれません。しかし、おもてなしにおいても、「もてなす側」と「もてなされる側」の間にはマナーや儀礼という「ルール」が存在することがさきほど挙げた研究では分析されています。

具体的には、ホストとゲストがお互いが主客分離せず主客合一する立場でもてなしの場を共創し（役割交換性）、常に限られた制約状況の中で自分ができる範囲のベストを尽くす（間に合わせ）。そして、おもてなしされることは当たり前のことではないので、なされなくても客は不快になるべきではない（非不快性）（長尾・梅室、2012）などの考え方です。

これらを通して考えてみると、サービスもおもてなしも、ともにホスト（主人）とゲスト（お客）の間で、お互いに共通する文化や価値観、期待などのコンテクストがあることを前提として、持続可能な価値共創を行う行為だと言えるでしょう。少し変な言い方に聞こえるかもしれませんが、主人にとってもお客にとってもいい意味での「緊張感」を伴う行為だと言えるのではないでしょうか。

つまり、サービスであれ、おもてなしであれ、主人と客それぞれが「自分の好き勝手にふるまう」ことは許されないのです。

その背景には、「おもてなし」の持つ「客を圧倒する」姿勢にあります。さきほどおもてなしの定義と特徴を紹介しましたが、妥協せずに徹底的にお客をもてなすことは、お客の言うことを聞いて献身的に尽くすことのように見えて、実は視点を変えると「客を圧倒する」ことになるのです。

皆さんも自分の身に置き換えて考えてみてください。お客がぐうの音も出ないくらい徹底的に、容赦なくもてなされるとどんな気持ちになるでしょう？　おもてなしのレベルがハンパないと、ちょっと引いちゃいますよね？　この「お客が引いてしまうくらい徹底的に圧倒する」もてなしこそが、おもてなしの真髄なのです。

この姿勢はおもてなしの「非日常性」に起因すると考えられます。さきほど紹介した研究（長尾・梅室、2012）の中でも、日本における「おもてなし」の伝統概念の多くが「茶道」「旅館」「花街」など、日常から一時的に分断された非日常世界の中で育まれ、定着したことが挙げられています。つまり、連続した日常の中ではなく、非連続で刹那的な関わり合いを前提とする非日常世界では、長く持続する関係性や価値循環よりも（もちろん商行為においてはその限りではなく、バランスされます）その瞬間にお客が恐れをなすほどのもてなしを提供することによって、圧倒的な価値を認識させる必要があったのでしょう。まさに「一期一会」の美学です。

このような考え方は、実はおもてなしと同じようなニュアンスで語られる「ホスピタリティ」にも共通します。ホスピタリティという言葉は一般的には「あたたかい」「やさしい」「寛容な」気持ちで相手に接する、なんだかほんわかしたイメージで語られることが多いのですが、本来の意味はずいぶん違います。

ホスピタリティを研究されている中川伸子さんの研究（中川、2011）によると、ホスピタリティの語源はラテン語の「hospes（ホスペス）」がもとになっていて「hospes」は「hostis」と「pets」という二つの言葉が合わさったものだそうです。[3]「hostis」は「見知らぬ者」の意味で、「敵意ある見知らぬ者」という意味を持つ「hostilis」につながり、「pets」は「力を持つ」という意味があるので、二つを組み合わせた「hospes」は、「敵意ある見知らぬ者に対して力を持つ」という意味があります。言うならば、外部からやってきた敵か味方かわからない来訪者に対して、相手が圧倒されるくらいの歓待でもてなすことでこちらに敵意がないことを示すと同時に、圧倒的な「力の差」を見せつける。それによって、万が一相手に敵意があったとしてもその敵意を喪失させてしまうことを目的としたもてなしの行為こそが、ホスピタリティのルーツなんだそうです。さきほど説明した「おもてなし」の姿勢とも共通しますよね。そのようなルーツを知ると、おもてなしもホスピタリティも、ほんとはちょっと怖いことなのかもしれません。

ここで大切なことは、ここまで論じてきたことと同様に「お客様を神様として扱わない」ということです。お客様を神様、つまり超越的な存在として扱うということは、結果的にお客様を製品やサービスを通した価値づくりの輪から排除してしまうことと実は同じなのです。

お客様を、価値共創のための重要なアクターとして尊重し、製品やサービス、ビジネスに関わってもらえるように設計をしたうえで、さらにお客様の期待を超える圧倒的な価値の提案によって喜びを生みだす努力をする。これらのことを参考にして視点を転換してみると、おもてなしの客を圧倒するもてなしが「恐れ」をお客に与えるのではなく、非日常性と希少性による「感動」や「忘れられない記憶」を与えるものにもできるのではないでしょうか。

顧客を神様として祭りあげるのではなく、顧客とともに価値を創りだしながら圧倒的な感動体験を提案する製品やサービス、ビジネスを考えるうえで、このような本当の意味での「おもてなし」体験をどう考え、組み込んでいくかという視点を持つこともサービスデザインをするうえで大切なことなのです。

「三方よし」、そして「世間によし」への期待と責任の拡大

ここまで、サービスデザイン発想で製品やサービス、そしてビジネスを考えることは、顧客だけでなく、自社の従業員や協業パートナー、そして地域社会などの多様なアクター（ステークホルダー）を視野に入れて価値が分配され、持続的に循環していく方法を考えることだということを説明してきましたが、これとよく似た考え方は古くから日本にもあります。

それは、近江商人の「三方よし」です。

滋賀県の商人は昔から商売が上手だと言われてきました。実際、総合商社の伊藤忠商事や双日など近江商人の流れを汲む名だたる企業は今もたくさん存在しています。近江商人が商売をするうえで大切にしたことが、商人は自分の利益だけを考えるのではなく、買い手である顧客にとっても有益で、最終的には社会の幸せにつながるような商いをするという理念でした。この近江商人の理念が後世になってから、今ではよく知られる「売り手よ

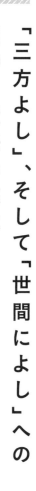

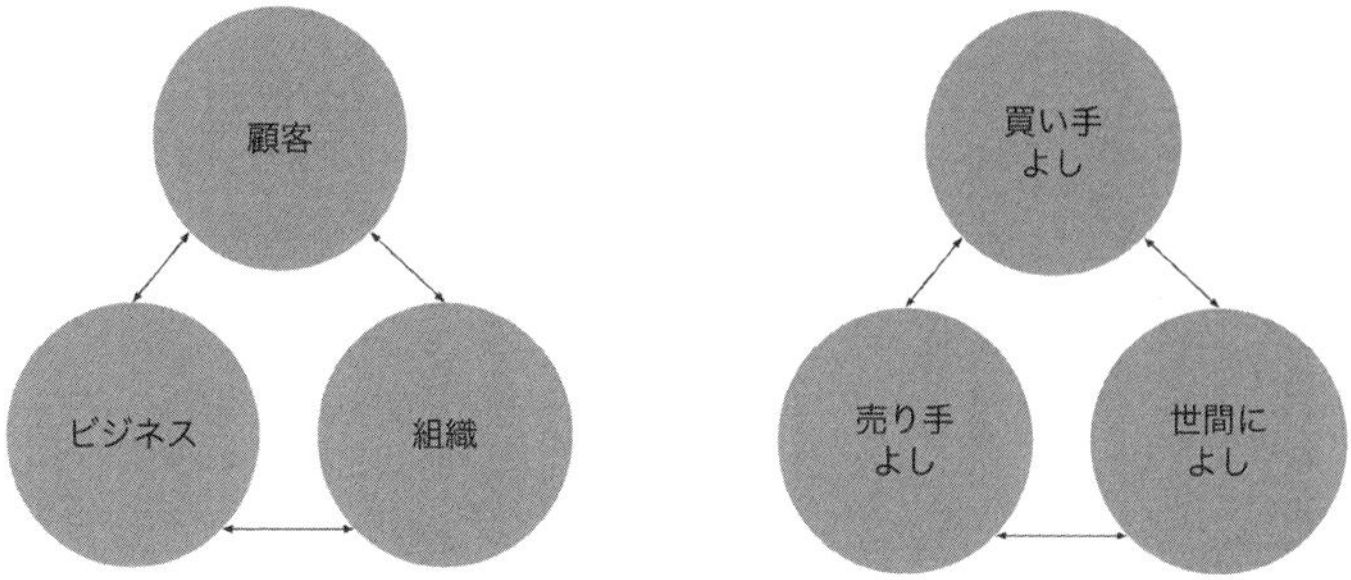

図表7－3　「サービスデザイン」(図表7－1)と「三方よし」の考え方の関係性
(筆者作成)

し、買い手よし、世間によし」を掲げた「三方よし」の理念として語り継がれたのです(宇佐美、2015)。

この「三方よし」は、本章のはじめに紹介したリブワークのベン・リーズンらの言うサービスデザインの考え方とぴったり重なります(図表7－3)。

サービスデザイン自体は主に欧州などの外国から持ち込まれた概念ではありますが、日本においても古くからひとびとと社会を幸せにする商売をめざそうとする理念は相通じる考え方です。

そして、さらに三方よしを理解するために重要な視点があります。三方よしでは一見すると、「売り手」「買い手」「世間」の三つのアクターが等しいレベルで扱われているように見えますが、実は少し違うのです。それは何かと言うと、近江商人にとっては、商売において売り手と買い手が満足するのは当然のことで、さらに商売を通じて社会に貢献できてこそ良い商売だと言えると考えられてきたのです。

つまり、「世間によし」には特別な意味が込められているのです。

近年、特に一九八〇年代以降はアメリカを中心に株主資本主義と呼ばれる経営スタイルが主流となり、ステークホルダーの中でも文字どおり「株主」の利益だけが極端に重視され、企業は株主の期待に応えるため短期的な事業収益の獲得に偏重してきました。そうしないと、株主から経営陣の交代など経営責任を追及されてしまうからです。そのため、目先の利益に直結する製品やサービス、ビジネスばかりが優先された結果、昨今問題になっているような環境負荷の高い事業活動を行う企業を数多く生みだしてしまいました。(4)

近頃耳にするようになった「環境経営」や「ESG投資」(5)といった言葉を聞くと、自分たちが日常的に関わっているビジネスからは遠いところにある大きな話のように聞こえるかも知れません。しかし、二〇〇六年に当時の国連事務総長だったコフィー・アナン氏が、投資家がとるべき行動原則（PRI：責任投資原則）としてESGの推進を提唱したことを契機として、投資家はどの企業に投資するかを評価する際に、従来のように売上高や利益だけを重視するのではなく、企業が「環境・社会・企業統治」にどのくらい真剣に取り組んでいるかをより重要な評価ポイントとして見るようになりました。つまり、企業にとって、もはやESGに取り組むことは事業活動から切り離された「良いことをする」活動ではなく、投資家に良い評価をしてもらうことで投資を集め、収益につなげる事業活動そのものになりつつあるのです。加えて、わたしたちは地球の中で、ひとびとを相手に、どこかしらの地域に根ざしてビジネスをしています。人間がこれまでのような活動を同じペースで続けていたら、わたしたちの生活に甚大な悪影響を与える地球環境の大変動が起きることが様々な研究によって明らかになっている中で、企業には環境や社会への良い影響を大前提に置いた事業活動をしないという選択肢はもうありません。

そのためにも、すべての企業、すべてのビジネス、すべての製品やサービスが、それぞれのレベルでできる限り環境負荷が少なく、持続可能なものになっていくしかありません。大きな変化は、ある日突然、都合よく勝手には起きてはくれないのです。

わたしたちの国では、近江商人のようなまっとうなビジネスパーソンが商いを通じて社会を良くしようと懸命に頑張ってくれていました。まさに、「三方よし」は、環境経営やESG経営といったエシカルなビジネス観を遥か昔から先取りし、実践していたと言えるでしょう。

今こそわたしたちは、製品やサービス、そしてビジネスを自分たちが関わることができるレベルから「三方よし」にデザインしていく努力を始めるときなのです。

1　この言葉を流行らせたとされる歌手の三波春夫氏の事務所は公式にこの言葉の真意を述べている。『「お客様は神様です」について』https://www.minamiharuo.jp/profile/index2.html

2　本書を執筆している間に（2019年〜2022年）、新型コロナウィルス感染が急激に広まり、社会の状況は大きく変化しました。在宅勤務の増加などにより、自宅でのWeb会議中に突然来訪する宅配便の受け取りに困るというような経験をされた方もいらっしゃるのではないでしょうか？　そのような環境において最適な宅配便サービスのあり方は、より正確な時間指定を事前にできたり、配達時に立て込んでいて荷物を受け取り損ねた場合に、自動的に再配達の希望時間を確認する通知を受け取れるサービスのスマート化かもしれません。

人々がこれまで常識やルーティンだと思っていたことが外部環境の急激な変化でいとも簡単に変わってしまうことを痛感したわたしたちは、環境や社会の変化との相互行為によってひとびとの常識的な価値観や習慣がどのように変化するか？、についても視野に入れてデザインすることがますます求められています。このようなダイナミックな環境変化についても考慮してビジネスを考えるのがサービスデザインの役割なのです。

3　前掲の中川文献に記載されているフランスの言語学者エミール・バンヴェニストによる説明。

4　人間が無意識のうちにとってしまう判断や行動を研究している行動経済学の考えを悪用して、ユーザーがどんどんお金を使ってしまうように仕向けるアプリのデザインをしたり、ついつい夢中になってやめられなくすることで収益を上げようとするゲームのデザインなど、「UXデザインのダークパターン」と呼ばれる企業による収益目的の悪意あるデザインが、倫理的な観点から近年問題視されています。

＊UXデザインのダークパターンについて問題提起しているウェブサイト DARK PATTERNS https://www.darkpatterns.org/

＊＊ダークパターンについてデザインの国際会議で発表された内容を筆者が解説したコラム https://link.medium.com/bXl0UIDy1ob

5 「ＥＳＧ投資は、従来の財務情報だけでなく、環境（Environment）・社会（Social）・ガバナンス（Governance）要素も考慮した投資のことを指します。特に、年金基金など大きな資産を超長期で運用する機関投資家を中心に、企業経営のサステナビリティを評価するという概念が普及し、気候変動などを念頭においた長期的なリスクマネジメントや、企業の新たな収益創出の機会（オポチュニティ）を評価するベンチマークとして、国連持続可能な開発目標（ＳＤＧｓ）と合わせて注目されています。日本においても、投資にＥＳＧの視点を組み入れることなどを原則として掲げる国連責任投資原則（ＰＲＩ）に、日本の年金積立金管理運用独立行政法人（ＧＰＩＦ）が２０１５年に署名したことを受け、ＥＳＧ投資が広がっています」

「ＥＳＧ投資とは」、経済産業省ウェブサイト https://www.meti.go.jp/policy/energy_environment/global_warming/esg_investment.html

本章のポイント

- ☑ お客様だけを神様に祭り上げるのではなく、「顧客」「ビジネス」「組織」の三つの関与者すべてが幸福な状態になるようにビジネスをデザインすることで、持続可能な価値を生みだすことができる。

- ☑ サービス化する製品・サービスでは、顧客は気づかないうちに企業が提供するビジネスに関わってしまっているので、サービスデザインでは顧客を重要な価値共創のパートナーと捉えて「価値のエコシステム」を設計するような発想でビジネスを考えることが重要である。

第8章

イノベーションを創りだす組織のデザイン

「部署」ってなんなんだ？

この本を読んでくださっている皆さんは、会社などの組織に所属されている方が多いでしょうか？　企業に限らず、役所のような公的機関や大学などの教育機関も様々な「部署」が集まってできていますよね。営業部や総務部、カスタマーサポート部など、役割ごとに分かれていて、従業員の多くはなにかしらの部署に所属をするのが一般的です。

ところで、この「部署」って、いったいなんなんでしょう？

会社がどのような部署で構成されているかを捉えやすくするために「組織図」がつくられることが多いかと思いますが、皆さんも目にしたことがあるでしょう。この「組織図」は1885年に初めてつくられたと言われています。当時アメリカ最大の鉄道会社だったエリー鉄道で、鉄道技術者でありゼネラルマネージャーを務めていたダニエル・マッカラムが、人材や資源を管理する目的でつくったそうです（図表8−1）。

エリー鉄道の組織図は一見すると、現代の一般的な会社の組織図（図表8−2）と比べて

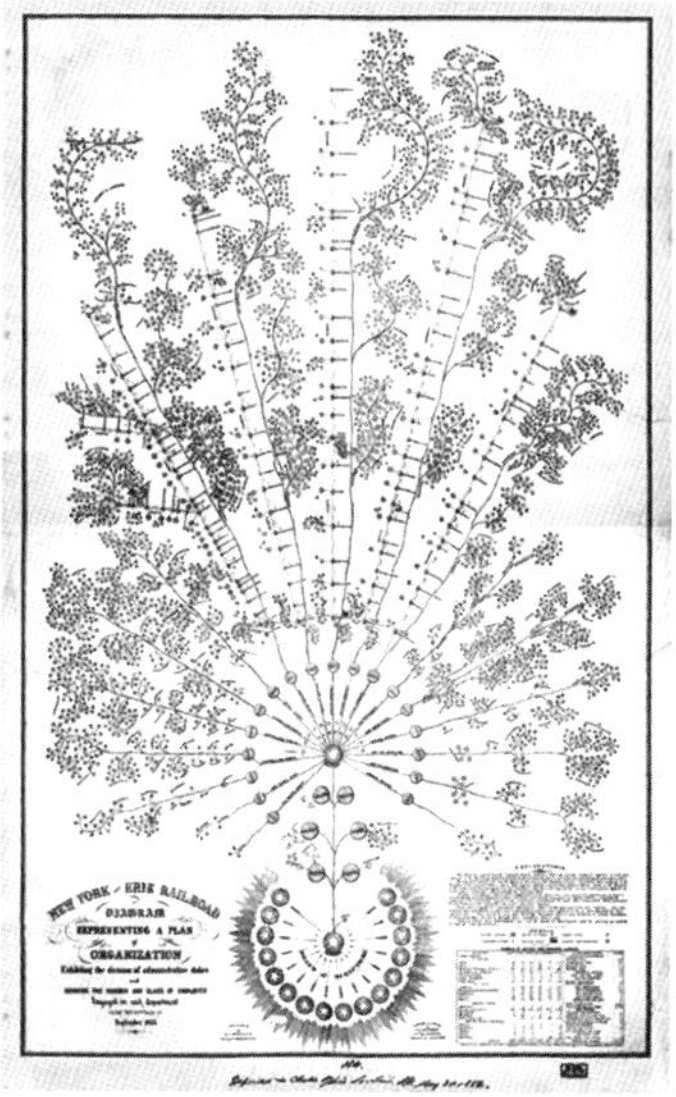

図表8－1　ダニエル・マッカラムが作成したとされるエリー鉄道の組織図
（出典 https://en.wikipedia.org/wiki/Daniel_McCallum）

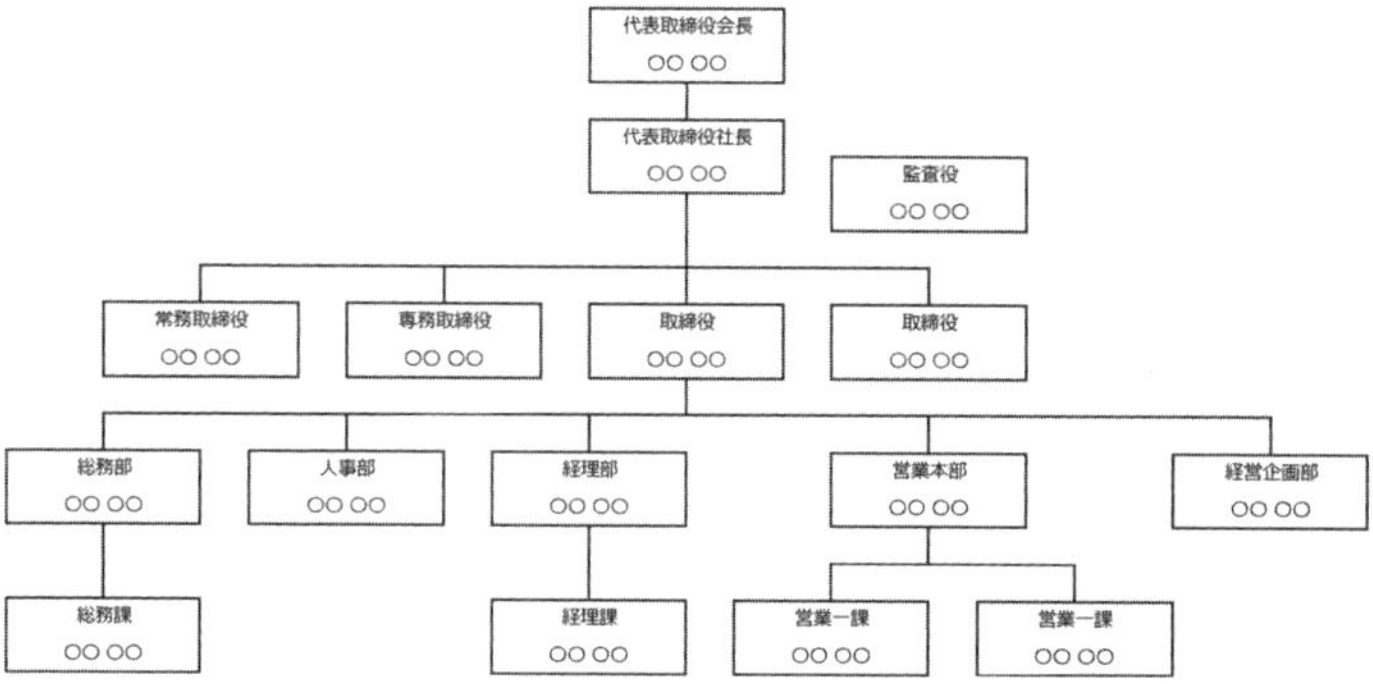

図表8－2　現代の一般的な会社の組織図（筆者作成）

見た目の印象は少し異なるかもしれませんが、組織を部門に分け、一般社員と管理職、そして管理職と経営者とを直線的に結んで階層化しているという点では大きく変わりがないことがわかります。まさに、マッカラムのつくったエリー鉄道の組織図は、現代の会社組織図のルーツと言えるでしょう。そして、今も昔もこれらの組織図は、組織の中での明確な責任分担、上司に権限を集約する指揮命令系統、職務の遂行を報告するための連絡経路を明確にし、経営者や管理職が組織全体で起きていることを把握することを目的としてつくられます。

では、それぞれの「部署」は組織図においてどのような点や特徴で分けられているのでしょうか？

それは、企業活動を行うにあたって必要ないろいろな役割＝機能の違いによって区分されているのです。たとえば、自社が何のビジネスを行うべきかを企画する「経営企画部」、製品の企画や開発を行う「製品開発部」、製品を実際に製造する「製造部」、できあがった製品を販売する「営業部」、そしてそれらの事業活動を支える「総務部」や「経理部」、「人事部」といった感じです。

では、これらの機能は誰にとって重要な区分なのかと言うと、企業が製品やサービスをつくりだし、顧客に届けるまでの道のりをスムーズに進めていくための区分なのです。わかりやすい例として製造業を例に挙げるなら、原材料を仕入れて、順に加工して製品としてつくりあげ、できあがった製品を出荷して店頭に並べて顧客の手元に届けるまでの道のりをイメージしていただくとよいでしょう。

このように、原材料を出発点として、様々な工程で順に価値を付け加えていき、最終的に価値の集合体として「製品」のかたちに仕上げたうえで顧客のもとに送り届ける一連の価値づくりのためのビジネスにおける活動のことを、ハーバード・ビジネススクール教授のマイケル・E・ポーターは、一九八五年に書いた『競争優位の戦略』(ダイヤモンド社)の中で「バリューチェーン」(価値連鎖)と名付けました。本書はマーケティングの専門書ではありませんので詳しい説明は割愛しますが、簡単にまとめると、

バリューチェーンとは、自社や競合他社の事業を機能別に分解し、どの機能別の工程においてどのくらいの付加価値が生まれているのかを「価値の連鎖」を明らかにするようなイメージで分析することによって、競争優位性を高めるために解決しなければならない課題の洗いだしや差別化のために必要な戦略を考えるのに役に立つフレーム

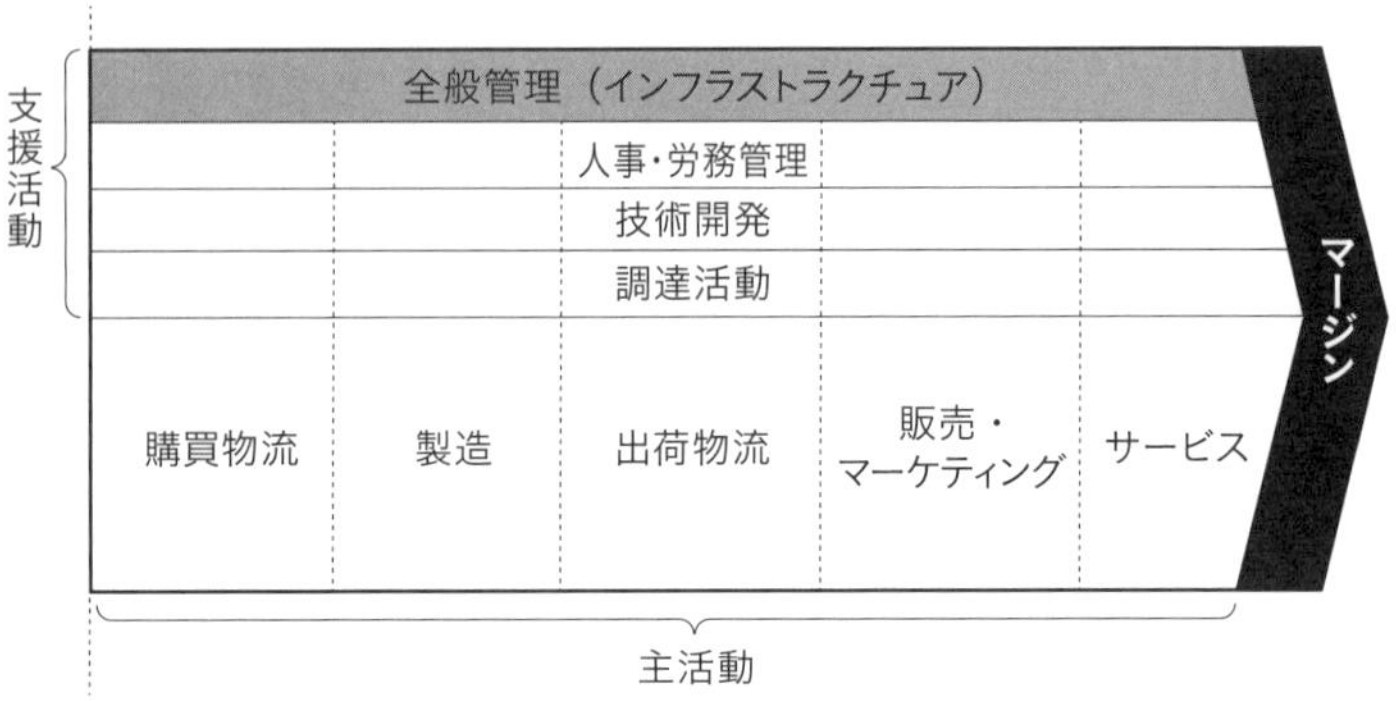

図表8－3　バリューチェーン（出典 ポーター『競争優位の戦略』49頁）

ワークのこと

だと理解していただければよいかと思います。

バリューチェーンの概念図（図表8－3）を見ていただくとお気づきのように、ここで区分されている活動の単位は、企業が製品をつくったり、自社のビジネスを運営するうえで合理的に管理ができて、機能的に責任と役割を分担するのに都合の良い単位に分けられています。つまり、多くの一般的な企業にとって、バリューチェーンを形づくっている合理的で機能的な単位が「部署」なのです。多くの部署は企業にとって都合の良い考え方で区分されている、とも言えるでしょう。

消費者や顧客には明確なニーズがあって、企業はそのニーズを満たす製品をつくりあげたうえで顧客に届けていればよかった時代には、このバリューチェーンの考え方はとても有効に機能していました。しかし、本書でもこれまで論じてきたように、多くの製品(ビジネス)はサービス化しています。企業が一方的に完成品を顧客に届けてさえいれば製品を媒介にして価値が提供できた時代から、触れることができない無形のサービスはもとより、たとえモノとしての製品ですら顧客との関わり合いの中で価値が共創される時代になった今、バリューチェーンのように企業にとって自分たちが管理するのに都合の良い機能的な単位である従来の部署の考え方は限界を迎えています。

バリューチェーン型組織からサービス志向型組織への転換

フィンランドのマーケティング研究者であるクリスチャン・グルンルースは、あらゆるビジネスがサービス化していく流れの中で、マーケティングはもはや企業活動の一部の機能ではなく、企業活動全体における価値を最大化するための重要な「顧客との関係性マネジメント」と考えるべきであると言っています（グルンルース『北欧型サービス志向のマネジメント』参照）。

ビジネスがサービス化していくと顧客との関わり合いと共創関係が大前提となることは、これまで本書でも考えてきました。そうなると、ビジネスプロセスの至るところで顧客との接点（サービスエンカウンターと呼びます）が発生します。

たとえば、顧客が製品に関する情報を集める際にウェブサイトを使って行う情報収集や、店舗で目にするスタッフのふるまいや態度、そして配送スタッフによって製品が手渡される瞬間などなど。あらゆる局面で発生するサービスエンカウンターが顧客との関係性をつくる機会となりうるのです。

従来のマーケティングは、広告などを使って製品を知ってもらうためのコミュニケーションを行うことや、買ってもらいやすくするためのキャンペーン施策を実施するというように、製品の価値を伝達する機能を担う役割と見なされてきました。しかし、サービス的なビジネスにおけるマーケティングでは、ビジネスの至るところで発生する顧客とのすべての接点で価値をつくりあげていくという変化が起こります。すなわち、マーケティングそのものが、価値創造または価値形成の役割を担うのです。そうすると必然的に、マーケティングの専門部署の従業員だけでなく、他のあらゆる部署のスタッフも自分たちが顧客と関わり合う場面場面で（対面にせよ、非対面にせよ）、結果的にマーケティング活動の一部を担当することにもなるのです。

このように、マーケティングの専門チーム以外のあらゆる従業員がマーケティング活動に部分的に参画するという考え方を、グルンルースは「パートタイムマーケター」と表現しています。全社一丸となって、それぞれの持ち場で顧客を中心にした最善の関係性づくりに取り組むためには、企業は自社の都合や機能的な役割分担を起点とするのではなく、顧客にとっての重要な経験価値の実現を起点として組織を考えることが求められるのです。

このような顧客志向の組織のあり方を、グルンルースは「サービス志向型組織」と名付けました。サービス志向型組織では、組織の構造が従来のバリューチェーン型組織と全く異なります。グルンルースは、その特徴を次のように挙げています。

・不必要に官僚的になるべきでなく、過剰な階層を持つべきではない。
・顧客およびサービス提供のための権限を十分に理解し、その責任を負うスタッフが必要になる。

・計画立案や意思決定のための十分な権限を持つ多くのスタッフは、顧客にサービスをうまく提供するためにすばやい決定を下せる十分な知識や能力を持ち合わせていないかもしれない。その場合、組織のヒエラルキーまたはピラミッドは、顧客とトップマネジメントとの階層をできる限り少なくすべきである。
・接客従業員が顧客への価値を創造する。
・組織のバックオフィスやマネジメントやスタッフは、サービスエンカウンターにおける買い手と売り手との相互作用のためのサポート機能を形成する。
・マネジメントは、日常レベルのオペレーションの意思決定に直接関係すべきではなく、サービス戦略の遂行に必要な戦略的サポートや資源を提供すべきである。

このような特徴を備えた組織は次の図のように、従来のようにトップマネジメントが決めたビジネス、製品・サービスに関する戦略をミドルマネジメントが受け取り、機能的に分割された部署が役割を分担（分割）しながら粛々と製品・サービスをつくりあげ顧客に送り届けるようなピラミッド型の組織構造とは真逆のものになるでしょう（この組織発想の転換をグルンルースは「ピラミッドをひっくり返す」と表現しています）。

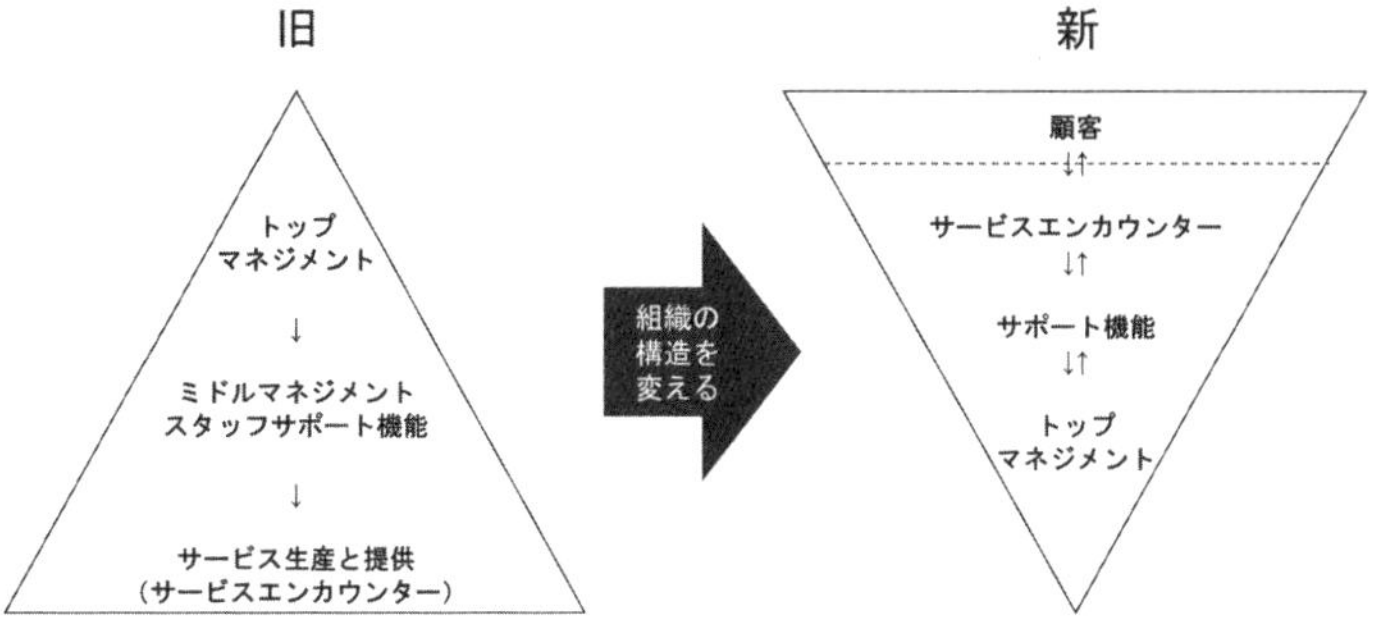

図表8－4　従来型組織からサービス志向型組織への構造転換の概念図
（グルンルースの概念をもとに筆者作成）

つまり、（もちろん大方針としての経営戦略や製品・サービスの戦略はあるうえで）ビジネス、そして製品やサービスと顧客が関わる場面場面（サービスエンカウンター）で、顧客がどのような経験価値を得ることが最良なのかの知識を持っているスタッフが、様々なサポート機能(1)に助けられながらダイナミックに顧客とともに価値を創りあげていくことができる組織をめざすべきではないでしょうか。これは、従来の機能的な部署型組織からの大きな発想の転換だと言えるでしょう。

カスタマージャーニーのための組織づくり

これからの企業がめざすべきサービス志向型（顧客志向型）の組織のあり方について、第5章で紹介した米国の著名なUXデザイン会社Adaptive Pathの共同創業者だったピーター・メルホルツは別の面白い視点からある提案をしました。

メルホルツは、二〇一四年に米コロラド州のボルダーで開催されたUX戦略をテーマにした国際カンファレンス「UX STRAT」でのスピーチ(2)で、従来のように「開発」や「デザイン」といった機能・職能別の階層型組織ではなく、カスタマージャーニーを構成する重要なプロセスに沿って、顧客に対して必要なすべての機能を持った有機的な組織を構成するべきだとし、このような組織デザインのためのコンセプトを「カスタマージャーニーのための組織」（Organization for the Customer Journey）と呼ぶことを提案したのです。(3)

メルホルツは自身の経験から導きだした、製品やサービスの開発におけるデザイン組織（デザイナーたちのチーム）づくりの考え方と実践方法について書いた『デザイン組織のつくりかた』(ビー・エヌ・エヌ新社)の中で、プロダクトをデザインするチームは「カスタマージャーニー別に編成する」べきだと言っています。[4]

カスタマージャーニーごとにデザインチームを編成するという意味は、たとえばネット通販のようなビジネスを例に挙げるなら、次のようなイメージになります。

・「発見段階」の担当チーム

顧客への認知を獲得してウェブサイトに誘導し、顧客が自分の欲しい商品を検索したり、詳しい情報を得て顧客が迷わず購入を検討できるようにするためのフェーズを担当。

・「購入段階」の担当チーム

購入するためにショッピングカートに商品を入れたり、後で買うつもりの商品を予約する。最終的に支払い手続きを済ませる、などの一連の購入にまつわる行動や手続きを快適で不安なく行えるように顧客をサポートするフェーズを担当。

・「購入後」の担当チーム

顧客が購入した後、念のため自分が選んだ商品の評判を確認したり、商品を買ったことを友人などに共有しやすくする手助けをする。誤って購入した商品の返品や払い戻しを迷わず簡潔に行えるようにするなどのフェーズを担当。

要は、企業にとって合理的なバリューチェーン型組織ではなく、自社のビジネスや製品・サービスと関係を持ってくれる顧客にとって重要な「経験価値のまとまり」ごとに、担当するチーム＝部署を配置するという考え方です。そして、顧客にとって重要な「経験価値のかたまり」を把握し、理解するために第5章で紹介したカスタマージャーニーマップが役に立つのです。

メルホルツのこれらの考え方は、あくまでプロダクトをデザインするデザイナーたちの組織づくりを対象として書かれていますが、デザインチームのみならず、事業企画や製品・サービス設計、製造、開発、販売やカスタマーサポートのように自社のビジネスを構成するあらゆる職種に対象を拡げて考えてみても参考になることは多いでしょう。

同時に、顧客のカスタマージャーニーを起点に「部署」を考えることは、自社のビジネス価値のあり方を根本から捉え直す機会にもなる可能性があります。

第1章で紹介した英国の市民サービス提供のためのウェブサイト「GOV.UK」のエ

ピソードを覚えているかと思います。最初は、これまで窓口での対面などのオフライン形式で提供していた公的サービスを、効率化のため単にオンライン化する目的でGOV.UKというウェブサイトをつくったところ、手続きが便利になったことによって市民がより最適なユーザーエクスペリエンスを求め始め、逆にこれまでお役所都合で「縦割り」になっていた公的サービスの担当部署の問題が表面化し、その結果、市民の求めに対応するために役所側の部局や担当窓口の大幅な再編につながった、という事例です。

これはまさに、顧客にとって重要な経験価値のジャーニーに沿って最良で最適なサービス設計をめざした結果、従来、企業側が勝手に定義していた自社のビジネス価値のあり方を、顧客の視点から正しく理解し直せた事例と言っていいのではないでしょうか（そしておそらくは、最適な価値が得られるのは顧客だけでなく、業務フローの最適化による効率化や負荷の軽減、顧客満足の増大による従業員のモチベーションアップ、そして収益の向上などによって、サービス提供者である企業にとっても良い結果をもたらすでしょう）。

皆さんの中にも、「自社のビジネスを進めていくうえで部署間の連携がうまくいかない」「部署ごとに利害関係が違うことによって軋轢が生まれて、企画や方針の方向性が揃わない」といった課題意識をもたれている方もいらっしゃるかもしれません。そんな時には、自社の部署がどういう視点で分けられているかを見つめ直し、もしカスタマージャーニーに沿って部署が再編できるなら、または、現状の各部署が連携できるとしたら、どのようであるべきかを顧客（ペルソナ）を主人公に置いて考えてみていただきたいのです。

GOV.UKが何年もかけて市民志向の組織に自分たちを大改造したように、組織を再編することは決して簡単なものではありません。しかし、前章で「三方よし」のサスティナブルなビジネスを実現するために、まずは自分自身が関われるところから、「ひとり」からでも始めることの大切さについて考えたのと同様に組織デザインについても考えて、実践していきましょう。

企業や組織が顧客志向で、サービスデザイン発想になるためには、トップダウンだけではなく、ひとりひとりが日常的に小さな実践を継続し続ける中で生まれるボトムアップの「組織文化」がなにより大切なのです。

オーケストラからジャズバンドへ

ここまで論じてきた、従来型の機能主義的組織と、カスタマージャーニーに沿った顧客志向型組織との違いを端的に表現するとしたら、前者が組織内のヒエラルキーがはっきりした「軍隊型」組織で、後者は組織内のヒエラルキーが希薄で、構成するひとびとの役割が常に柔軟に変化する「ネットワーク」のような組織だと言えるでしょう。

この「ネットワーク組織」という考え方は、マーケティング研究者のラヴィ・エイクロールとフィリップ・コトラーの論文の中で提唱されたものです。ネットワーク組織の定義を簡単にまとめると、次のような特徴を備えた組織だと言えます（Achrol & Kotler, 1999 参照）。

・階層的な管理がなくても機能する
・関係者同士が、密度の高い横方向へのつながりを持っている
・関係者同士は共通の価値観を持ったシステムの中で「メンバーシップ」を持ち合

い、お互いの役割や責任を定義しあう

厳格な上下関係のもとでかっちりと統制され、明確な役割分担と責任区分がなされている従来型の組織と比べると、かなり自由で自律的な組織に見えます。

わたしは趣味で楽器演奏を嗜んでいるのですが、この二つの組織のあり方を音楽を演奏する組織に置き換えると、従来型組織は「オーケストラ」、ネットワーク型組織は「(小編成) ジャズバンド」に喩えられるのではないか、と考えました。

オーケストラは、指揮者を頂点として何十人もの奏者で構成される大所帯の楽団です。そして、各楽器はパートごと(第一バイオリンや、フルート、トランペットなど)に通常複数の奏者がいて、奏者間の序列は「首席奏者」などといったかたちではっきりと決まっています。オーケストラでは、指揮者が絶対的な権限を持っていて、各パートの首席奏者は指揮者の考えをよく理解してパート内の各奏者に伝え、みんなが同じ方向性で演奏できるように組織的に音楽をつくっていきます。それによって、たくさんの演奏者が全員指揮者が振るタクトに合わせて一糸乱れぬ演奏を生みだせるのです。

それに引き換え、ジャズバンドは通常三人から六人程度の演奏者で編成される小さな楽団で、多くの場合、ピアノやドラム、トランペットやサックスなど、演奏者たちはひとりずつ違った楽器を演奏します。ジャズにも様々なスタイルがありますが、皆さんが「ジャズ」と聞いてぱっと頭に思い浮かべるのは、大人っぽくて、気だるくて、そして「ちょっと聴いただけだと、なにを演奏しているのかよくわからない」雰囲気のジャズではないでしょうか。そのようなスタイルは「モダンジャズ」と呼ばれるジャンルなのですが、モダンジャズスタイルのバンドが演奏する音楽は、「テーマ」と呼ばれる曲の主題となる短いメロディと、曲の構造を定義している「コード進行」と呼ばれる和音の組み立て方の約束ごと以外は何も決まっていません。

じゃあ、どうやって曲を演奏するかというと、ソロ演奏をする順番や、どのくらいの速さで演奏するかなどを事前にごく簡単に打ち合わせたら、演奏者同士は「せーの」で演奏を始めた後、その場その場でお互いの演奏を聴きあったり、表情を伺うことで共演者の考えを汲み取りながらアドリブ（即興演奏）で自由に、次々と演奏を展開させていくのです。

スウィングしなけりゃ意味がない⑤

ジャズで誤解されがちなことの一つに、「アドリブって、デタラメに演奏しているの？」という素朴な疑問がありますが、もちろんそんなことはありません。アドリブで演奏すると言っても、本当になにも決まっていないわけではなくて、さきほど説明した「コード進行」というルールや、曲の展開を変える際の合図など、最低限の「お約束」はあります。つまり、ジャズ演奏はそれらのルールやお約束をちゃんと理解している演奏者たちが、その最低限のルールの中で、「良い演奏をする」という共通の目的に向かって、最良だと思える方法を各自で自律的に判断しながらスピーディーにものごとを進めていくという、ダイナミックな組織的行為だと言えるでしょう。

このように、演奏者同士がお互いに関わり合いながら自由に演奏を繰り広げていくことを「インタープレイ」と呼びます。良いインタープレイはその場で思いもよらない展開や興奮状態をつくりだし、その結果演奏者たちは自分の腕前や想像を超えた名演奏を生みだせる場合もあるのです。ジャズではそういった最高に演奏がノッている状態を「スウィングしている」と表現されるのですが、ジャズバンド型組織がそのような最高潮のスウィング状態になれるとしたら、単純な足し算ではなく、掛け算のような大きなシナジー（相乗効果）を組織にもたらしてくれる可能性もあるのです。

そして、ジャズでは聴衆も音楽をつくる重要なアクターになります。一瞬一瞬の演奏に興奮の歓声をあげ、拍手や掛け声を送ることで、演奏者と同じ立場で最高の「スウィング」をつくりだす現場に参画しているのです。

もちろん音楽好きのわたしからすると、オーケストラもジャズバンドもどちらも大好きですし、それぞれが素晴らしい音楽を生みだすかたちだと思っています。誤解していただきたくない点としてここで言いたかったのは、オーケストラ型組織が悪くて、ジャズバンド型組織が良い、ということではなく、志向するビジネスのあり方によって、適しているビジネス組織のあり方も変わるということです（李炳夏、２０１７）。非常に大きな組織や多様なステークホルダー、システムが関係しあう環境の中で確実なアウトプットが事故なく安定的に約束されることが求められるような事業では、制度化された堅牢な組織がシステマティックに役割を分担し、精緻なアンサンブルを奏でるオーケストラ型組織が適しています。他方で、予測できることが十分にない不確実な環境の中で、関わり合うひとびとが刻一刻と変化する状況を感じ取りながら、お互いの最適なふるまいを探りだして価値共創をめざすサービスデザイン発想のビジネスをつくるためには、ジャズバンド型組織の方がより適していると言えるでしょう。

サービスデザイン発想のビジネスをつくるうえでは、あらゆる立場の仲間がお互いに自律性を発揮し、顧客にも仲間に加わってもらえる組織づくりをするために、ひとりひとりが小さな一歩を踏みだすことが大事なのです。

1　サポート機能には、顧客理解に関するデータベースやガイドラインなどのドキュメント、研修や情報共有を通じて得られるナレッジなどが挙げられる。

2　Peter Merholz, "Shaping Organizations to Deliver Great User Experiences" https://www.slideshare.net/UXSTRAT/ux-strat-2014-peter-merholz-shaping-organizations-to-deliver-great-user-experiences

3　筆者による当該カンファレンスのレポート記事　https://www.infobahn.co.jp/ib_column/4197

4　前掲のメルホルツの書籍では、彼がＧｒｏｕｐｏｎというオンラインサービスのデザイン責任者だった際の経験に主に基づいているため、デザインの対象をサービス全体、およびＷｅｂサービスにおいて用いられるアプリやＷｅｂサイトなどを指す「プロダクト」という言葉で表現するが、これはビジネスや、製品・サービスと置き換えて解釈してもよいだろう。

5　参考音源：It Don't Mean A Thing（If It Ain't Got That Swing）・（composed by Irving Mills & Duke Ellington, 1932）

本章のポイント

- ☑ イノベーションを創りだすためには、企業にとって機能的で合理的な組織から、重要な顧客体験の実現に準拠したサービス志向型組織への転換が求められている。

- ☑ 顧客にとって理想的なカスタマージャーニーを実現するためにデザインされた組織が、最良の顧客体験と、持続可能なビジネスの原動力になる。

- ☑ 不確実な状況の中で新たな価値を顧客や社会に提案していこうとするようなビジネスを試行錯誤の中で実践するためには、統制のとれた制度の中で明確な役割分担によって最良のパフォーマンスを発揮する「オーケストラ型組織」よりも、一刻一刻と変化する状況に様々な関係者が自律的に反応し、相互作用の中でより良い状態を見つけだして行動する「ジャズバンド型組織」が適している。

第9章

「未来の当たり前」をつくりだす「文化のデザイン」

なにが欲しいかなんて、それを見せられるまでわからない

ここまで、サービスデザイン発想でビジネスを考えていくために必要な視点や考え方、そして方法についていろいろなことを学び、考えてきましたが、いよいよ結びが近づいてきました。

これまで学んだ左記のような考え方と方法を実践する中で、新たなビジネスを考えるだけでなく、自分たちのビジネスの意味と価値を捉える枠組みを見直す（リフレーミング）可能性を拡げていくことができます。

・自分たちにとって向き合うべき意味と価値を見出す
・重要なペルソナを定義する
・ペルソナのゴールと、ゴールに至るコンテクストを深く理解し解釈することで、自社のビジネスとの関わり合いがどのようであるべきかについてデザインする

・同時に自社のビジネスが提案すべき本当の価値を捉え直すことで、関係する多くのアクターにとってサスティナブルなビジネス実現のための設計と、それに適した組織を考える

しかし、新たなビジネスや従来の捉え方とは大きく枠組みが変わったビジネス、そしてそれらのビジネスと顧客とのインターフェースとなる製品やサービスは、多くの場合、皆さんが構想している段階では世の中には「まだない」ものでもあります。「まだないもの」について考えるためのアプローチは第6章で論じましたが、「まだないもの」を考えだすことは決して簡単なことではありませんでしたよね?

そのうえ、もし幸運なことに良いアイデアを生みだすことができたとして、「それが本当にひとびとにとって価値あるものか?」について確かめたり、確証を持つことはさらに容易ではありません。なぜなら、多くの一般的なひとは「まだないもの」を具体的に理解できないからです。

アップル創業者で数々の魅力的な製品を生みだしたスティーヴ・ジョブズはビジネス・ウィーク誌のインタビューで、「多くの場合、ひとは形にして見せてもらうまで、自分は

なにが欲しいのかわからないものだ」と語っています。

これはつまり、普通のひとびとは自分が知らない「まだこの世にないもの」を想像することはできないし、ましてやそれが欲しいなんて語ることはできない。だからこそ、アップルのようなイノベーションを志向する企業にとっては、「まだこの世にないもの」が持っている新しい意味や価値に誰よりもさきに気づき、製品として具現化して世の中に送りだすことで、ひとびとが見て理解できる状態にすることが重要だということを意味しています。それによって、ひとびとはできあがった製品を見て、「あ、これが欲しかったんだ」と初めて気づくのです。

もちろん、誰しもがジョブズのように確信を持って「まだないもの」を発想し、製品化まで漕ぎ着けられるかというと、それは容易なことではありません。

企業の中で新しいビジネスや、製品・サービスを構想し、実現させようと思うと、構想段階ではひとびとに受け入れられるかまだわからない不確実な状況の中で経営層を説得したり、事業として成功できるかどうかの根拠を求められたりします。過去の実績や現状の事業性をもとに将来の見込みを立てられる既存事業であればまだしも、新規事業や、従来の事業価値や事業構造を大きくリデザインするようなビジネスの場合、「それがどのくらい世の中で受け入れられるか?」「ひとびとが価値を認めてくれるか?」についてのデータが存在しないので、いくら関係するデータを集めてみたところで、どこまでいっても確証性を担保することはできません。

片方で、既存顧客が容易に理解できるようなアイデアや、従来のビジネスの考え方で合理的に評価と判断ができるようなアイデアの多くは、これまであった製品やサービスの延長線上に留まってしまっているため革新性や新奇性には乏しくなります。

進むべき道は一つじゃない——リーンでエフェクチュアルな進め方

このジレンマに、わたしたちはどう立ち向かっていけばいいのでしょう?

正解ではないかもしれないけれども、解決の糸口を探すために多くの起業家が実践しているアプローチの一つに、「まだないもの」を少しずつでもかたちにして世にだし、世の中やひとびとにそのアイデアの価値を問うていくことで具体的な評価(データ)を集め、検証を繰り返しながらブラッシュアップを重ねること。そのような実践の中で自分たちのビジネスの実現可能性を少しずつでも高めていくという考え方があります。

このような考え方を、米国の企業家エリック・リースは、スタートアップ企業がすばやく実践できるように「リーンスタートアップ」というコンセプト、フレームワークとして体系化し、『リーンスタートアップ』(日経BP)において方法論と実践方法をまとめています。

リーンスタートアップとは一言で言うと、「最小限のコストや手順で必要最低限の製品(プロトタイプ)をつくり、市場や顧客の反応を繰り返し確認することで方向性を定め、ビジネスを無駄なく回していくためのマネジメント手法」です。

不確実な市場環境の中で、市場や顧客が容易に評価できない未知の製品やサービスを考える場合、企業はついつい慎重になってあらゆる状況に対応できるような投資や活動を行いがちです。リーンスタートアップはそういったあらゆる状況に対する備えを「予期しないムダ」と捉え、これらのムダを極力削ぎ落としていくことを重要視するのです。予期できないことのすべてに備えようとしたところで、いくら考えても不確実なのであれば、最低限でも今すぐ具体化して検証できるアイデアを試作品として「すでにある」状態にし、良いのか悪いのかをどんどん確かめていこう、そして、結果的に顧客や市場にとって価値のあるものに改良していけばいい、という考え方です。

リーンスタートアップは、次の四つのプロセスで構成されます。

① 仮説構築
② 計測・実験
③ 学習
④ 再構築

このプロセスをよく見ると、第2章で紹介したデザイン思考のダブルダイヤモンドのプロセスとどことなく似ていませんか?

① Discover(価値を探索する)
② Define(意味を理解し定義する)
③ Develop(発想を展開しカタチにする)

④ Deliver（世に出してみて検証する）

つまり、デザイン思考とリーンスタートアップの双方に共通するのは、正解がわからない不確実な状況の中、十分な資源や経験がない状態でも少しずつ手探りで可能性を見つけていく、という目的意識なので、共通点があるのは当たり前なんですね。

すでにあるビジネスを既存の枠組みの中だけで改良するのではなく、新たな価値や意味を提案できるビジネスを構想し、可能性を少しずつ確かめていくためには、正解ではなく、新たな視点で仮説を打ち立て、実験を繰り返しながら最良と思える方向性を見定めていくリーンスタートアップ的な実践活動が重要になると言えるでしょう。

リーンスタートアップとは異なりますが、同様に不確実な状況や環境のもとで臨機応変にビジネスを成功に向けて進めていく考え方に「エフェクチュエーション（Effectuation）」があります。

エフェクチュエーションとは、インド出身の経営学者であるサラス・サラスバシーが自身の博士論文をもとに出版した『エフェクチュエーション』（碩学舎）で提唱した理論で、優れた起業家に共通する意思決定プロセスや考え方を発見・体系化したものです。サラスバシーは優れた起業家の八九%はエフェクチュエーションの考えを実行している、と言っています。

エフェクチュエーションを簡単に説明すると、「不確実で見通しがつかない環境の中でビジネスを成功させようとするならば、先のことを予測するのではなく、今、自分が手の中に持っているものを使って、できることをする。そして、その中で得られる学習を通して新たなゴールを発見していく事業創造のための実行理論」と表現できるでしょう。

従来のビジネスづくりは、まず「売上一〇億円」などの目標設定から始まり、その目標を達成するためにもっとも効率のいい、合理的な手段と道のりを逆算発想するものでした。このような考え方を、エフェクチュエーションに対して「コーゼーション(Causation)」と呼びます。コーゼーションの考えに基づいたビジネスは、市場の将来を過去のデータをもとに見通すことができ、合理的で論理的に未来を予測できる環境においてはとても有効でした。

しかし時代と環境は変化し、現在は先行きが不透明で、将来の予測が困難な「VUCA《ヴーカ》の時代[1]」と言われています。そのような不確実な環境の中では、コーゼーション的ビジネス発想は通用しなくなっているのです。そこで注目を浴びているのが、さきに示したエフエクチュエーション的ビジネス発想なのです。
エフェクチュエーションで重要な出発点は、次の三つの資源を明確にすることです。

①自分が誰であるのか？（Who they are ?）
②なにを知っているのか？（What they know ?）
③誰を知っているのか？（Whom they know ?）

これら三つを言い換えるならば、次のようになるのではないでしょうか。

①自らの独自の魅力、特徴はなにか？
②自らが持っている知識や経験はなにか？
③自らが新しい取り組みを行うにあたって、協力や支援を期待できる人脈はどのようなものか？

つまり、新たなビジネスに取り組むにあたって、

① 資源や強みを洗いだす
↓
② 持っている知識と経験から行動を始める
↓
③ 他者とつながることで相乗効果を働かせ新たなものを生みだす

というプロセスを繰り返し実践していく起業アプローチがエフェクチュエーションなのです。

サラスバシーは、ビジネスを成功させるために必要なことは、起業家本人が生まれながらに持っている先天的な才能や資質だけではなく、エフェクチュエーションの考え方を学習し、実践することで後天的に得られることをこの理論によって示したのです(2)。

リーンスタートアップ、エフェクチュエーションはともに、ますますVUCAの色合いを増していくこれからの時代において、皆さんが新しいビジネスを生みだしていこうとする際に有益なアプローチになるでしょう。

しかし一方で、これらの方法でビジネスを考えていく際に注意が必要な点があります。それは、リーンスタートアップのように、アイデアの良否を確かめるための最低限のプロトタイプ（リーンスタートアップでは、このようなプロトタイプを「ＭＶＰ（Minimum Viable Product、必要最小限の価値を備えた商品やサービス）」と呼びます）を具体化し、理解できる状態にして顧客の反応を見ながら修正をしていく中で顧客ニーズに流されてしまったり、エフェクチュエーションの考えのもと、状況に応じて実行可能なビジネスへの軌道修正を繰り返していく中で、いつの間にかそもそも自分たちが実現したかったことや、製品・サービスに対する想いのようなものから大きく逸脱してしまう恐れがあるということです。

顧客の求めるものに応答しさえしていれば、少なくとも市場においてある程度受け入れられる「正解」は出せるかもしれません。しかし、「正解」がある問いは、自社だけでなく、他社が解決したとしても「正解」には変わりないですよね？　しかし、そうなってしまうと、第６章で考えた「ユーザー中心発想」の限界にぶち当たってしまうのです。すでに論じたように、顧客や市場の要望を明らかにし、それにひたすら応えていくことは合理的だし、なぜそれをやるかという説明を容易につけることができますが、その枠組みの中からは「未来の当たり前」を提案できるようなビジネス、そして製品・サービスは生まれ

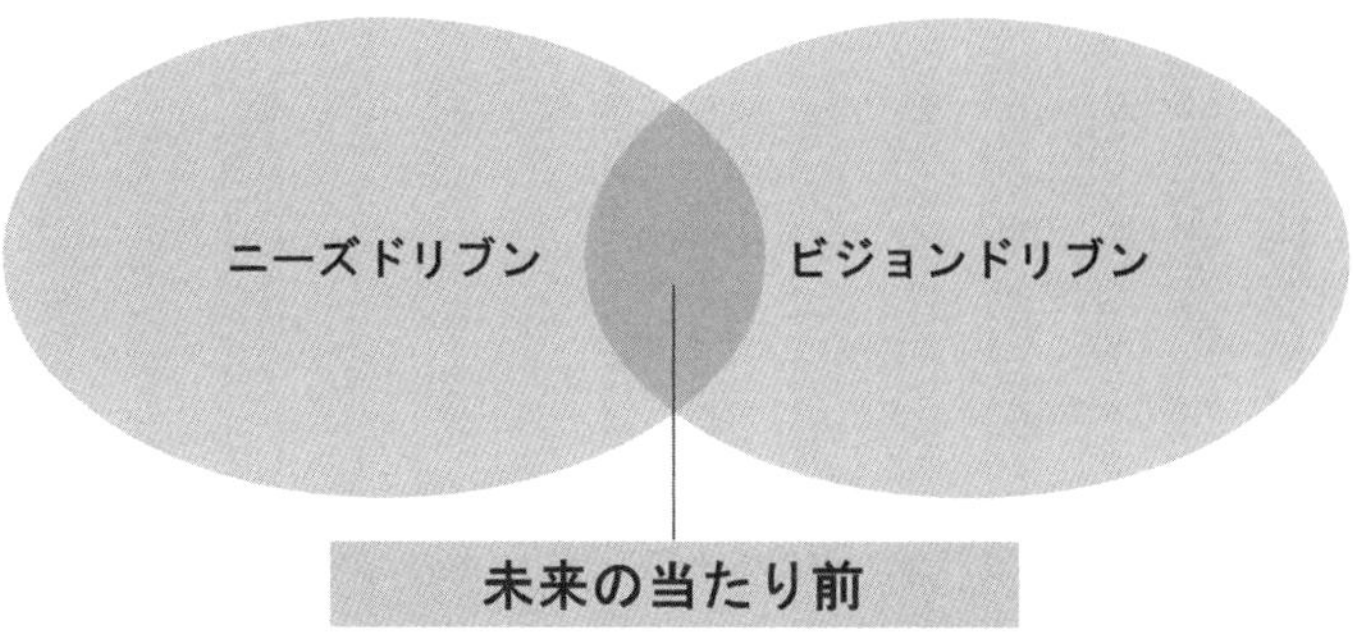

図表9－1　ニーズドリブン×ビジョンドリブン発想による「未来の当たり前」の創出（筆者作成）

てはきてくれません。

だからこそ、第6章で説明したように、顧客や市場の要望に応答する「ニーズドリブン」な発想だけでなく、自社が信念を持って提案したいことはなにか？という想いを起点とする「ビジョンドリブン」な発想についても、常に忘れないでおきましょう。自分たちが理想をめざして乗り込む列車の欠いてはいけない両輪になるからです（図表9－1）。

そして、「自分たちが変えたいと願うことはなにか？」、「今は多くのひとが諦めてしまっているけれども、いつかそれが世の中の当たり前になる可能性を秘めたものはなにか？」といったことを常に自問自答し続けることがなにより大切です。あるタイミングではそれらの問いに対する「適切な答え」に思えたことも、様々なアクターとの多様で流動的な関係性の中で少しずつ変化していく場合があります。そのようなダイナミックに変化する状況の中で、今後重要な価値や意味となるものを、目を凝らして探し続けること。そして、これからの時代にどのようなビジネスや製品・サービスがつくられるべきかをデザインし続ける活動こそが、サービスデザインなのです。

決して視野を狭めず、安易な落としどころに妥協せずビジネスのあり方をデザインし続けるうちに訪れる、それらが良いバランスで合致し始める瞬間にこそ、わたしたちが提案すべき「未来の当たり前」が浮かび上がってくるのではないでしょうか。さきほど紹介したエピソードで、スティーヴ・ジョブズが言いたかったことも同様のことだと言えるでしょう。

新たな価値と意味を社会に根付かせていく「文化」のデザイン

これまで論じてきた考え方や実践を通して、「未来の当たり前」を提案したうえで、製品やサービスをつくれるとしたらたしかにすごいことではありますが、それだけでは世の中の多くのひとびとの、普通の生活を大きく変化させることはできません。

今はまだないような新しい提案は、その価値が理解できる一部のひとたちや知識があるひとたちには受け入れられるでしょう。ですので、ニッチな変化は起こすことができます。しかし、時間はある程度かかったとしても、いつの間にか一般的なひとたちの普通の生活習慣に影響を与え、結果的に日々の生活の質(クオリティ・オブ・ライフ)を今よりも良いものにしていくような社会的な変化を起こしていこうとするならば、ニッチではだめなのです。

この課題にチャレンジするために、「文化のデザイン」という観点が重要になります。ビジネスを語る際に「文化」という言葉を持ちだすと、皆さんは少々大げさに感じるでしょうか?

京都大学経営管理大学院でサービスを研究する山内裕教授らは、『組織・コミュニティデザイン』(共立出版)の中で、「現在成功しているイノベーションの多くは、アイデアが新しかったとか、機能的に優れているとか、見た目がカッコいいとか、使い勝手がいいというような理由で成功したのではない。文化を作ったからだ」と言います。

わたしたちは「文化」と聞くと、ついつい日本文化とかヨーロッパ文化などのような大きなレベルのことをイメージしがちですが、山内らは文化をそのような、「歴史的・地理的な根拠を持った大きく抽象的で特殊なもの」ではなく、「われわれが活動する中で生みだし、交渉している具体的な表象」だと言っています。少し噛み砕いて言うとしたら、文化とはすでに型が決まっている普遍的なものではなく、時代性や社会環境とひとびとが関わり合っていく中で生みだされ、結果的に世の中の多くのひとが規範や制度として認め、定着していくようなこと、と表現できるでしょうか。

山内らは、そのような文化の例としてマクドナルドを挙げています。マクドナルドと聞くと皆さんは、およそ文化ともっとも遠いところにあるものに感じるのではないでしょうか？　マクドナルドのビジネスは効率化とマニュアル化によって創りあげられていて、ある意味で機能主義や合理主義の象徴のような印象があります。このようなマクドナルドの特徴である「予測可能で、計算可能で、ひとの介入する余地をなくして自動化する」考え方を近代化、工業化の究極の姿と捉えた米国の社会学者であるジョージ・リッツァは「マクドナルド化（Mcdonaldization）」と名付けました。リッツァは、消費社会化が進む現代においてはマクドナルドのようなファーストフードビジネスに限らず、大学教育や医療のようなものすらも産業化し、効率化や自動化が進んでいて、社会のあらゆる領域が「マクドナルド化」していることを『マクドナルド化する社会』（早稲田大学出版部）で指摘しました。そして、その極度の効率化がビジネスとして成功した要因でもあることを考察しています。

しかし、山内らはマクドナルドに対してリッツァの観点とはずいぶん違った側面からビジネスとして成功した要因を指摘した人物として、同じく米国の教育学者であるジョー・L・キンチェローを挙げています。キンチェローは、マクドナルドが成功した重要な要因として「文化をつくった」ことを指摘しました。

米テネシー州の田舎町出身（彼が言うには「山で育った」）だったキンチェローは、伝統的で閉じた社会で幼少時を過ごしました。彼が暮らした「山」では、昔からの伝統的な人間関係や価値観が維持されていて、キンチェローはとても窮屈だったそうです。他方、当時「山」の外側では急激な近代化、都市化が進んでいた時代でもありました。

そして、前近代的な故郷と、そこに縛られている自分の存在から解放されたいという葛藤を抱えていたキンチェローは、ある時故郷から都市部に出ました。その際に初めて体験したマクドナルドでの食事が、自分を縛り付けてきた親や故郷からの解放感に溢れていて、モダンな社会に受け入れられた喜びを感じさせてくれたと言います。

キンチェローは、マクドナルドの成功を単に効率化や自動化のような観点からのものではなく、急速に近代化していた当時の米国社会の中で、伝統的なしがらみへの反発と過去からの解放を、手軽に手に入れられる「モダン文化」というかたちで若い世代に提供したことこそが成功の要因であることを著書 *The Sign of the Burger : McDonald's and the Culture of Power* (Temple University Press) で指摘しました。

ここで言う「文化のデザイン」とは、キンチェローがマクドナルドに見出したような、その時その時の時代性や社会環境と関係しあいながら、ひとびとが欲し、手に入れ、習慣化していく中で世の中に根付いていく、日常の中でゆるやかに起こる、いずれ社会の当たり前になるような変化をどのようにつくっていくか、ということなのです。

これまでなかったようなビジネスや、ひとびとに新しい価値と意味を提案する製品・サービスは、いくらそれらが良いものであっても急には社会に受け入れられないことも多いでしょう。多くのひとはその製品が提案する新しい意味をすぐには理解できないかもしれないし、今までなんの疑問も不満も感じずに続けてきた日々の習慣を変えようと決意させることも容易なことではありません。

最初のうちは、第6章で論じたリードユーザーのような先進的なひとや、エクストリームユーザーのような極端なニーズや事情を持ったひとからニッチに受け入れられるかもしれないけれども、徐々に社会の中で広がり、いずれは多くの一般的なひとが日々の生活の中で普通に採り入れていくような製品やサービスをつくりたいのであれば、さきに示したような「文化」をどうデザインできるのかについて、考えてみることも視野を広げてくれる一つの観点になるのではないでしょうか。

というのも、ビジネス、そして製品やサービスの価値と意味は固定的で変化しないものではなく、顧客との関わりの間で生まれるものであり、さらに言うなら、時代や社会との関係性によってもかたちづくられていくものだからです。せっかく一生懸命ビジネスをつくっていくのであれば、いずれ文化になっていくようなものにチャレンジしてみませんか？

コラム6

「文化のデザイン」で成功したスターバックス

スターバックスは現在、世界のあらゆる国や都市に店舗を展開し、日本においても誰もが知る有名なコーヒーブランドですが、スターバックスがなぜここまで成功したか、については意外と知られていません。

一般的には、忙しい毎日の中で自分をリラックスさせ、創造性を刺激してくれる場所を提供する「サードプレイス」というスターバックスの経験価値が時代性をうまく捉えたからだ、という説明がなされることが多いのですが、実はもっと深い理由があると言われています。

米国のブランド研究者であるダグラス・ホルトは、米国で大成功を収めた有名ブランドがなぜ成功できたかの理由を「文化」という観点で考察した著書 *Cultural Strategy* (Oxford University Press) の中でスターバックスをとりあげ、その成功の理由として「新しい文化をデザイン（提案）したこと」だと論じています。

これには、米国の文化面における歴史的な変化が関係しています。アメリカ合衆国は、一四九二年にコロンブスによって新大陸として発見されて以来、主にヨーロッパ諸国を中心とした外国からの移民によってつくられてきた国家だということは皆さんもよくご存じでしょう。「アメリカンドリーム」という言葉に象徴されるように、誰もが努力と才覚さえあれば成功を掴みとるチャンス（ストーリー）があったので、成功を夢見て移り住んだ数多くのひとたちが必死に頑張ったことで経済的に豊かになっていくのですが、一九六〇年代にその「豊かさ」の感覚に変化が訪れました。当時の大統領だったリンドン・ジョンソン大統領の号令のもと「偉大な社会（Great Society）」計画という国家革新政策が提唱され、国内から差別と貧困をなくすための様々な施策が行われたのです。その一つに、大学改革がありました。

当時のエリート大学では縁故採用が一般的で、大学はエリート家庭に生まれた子女が進学するものだったのですが、その因習を廃して実力主義へと移行させる「高等教育法」が制定されたのです。この制度革新によって、エリート家庭出身ではない勤勉で優秀な若者たちにも門戸が開かれたことにより、一九六五年から一九七五年の間に四年制大学卒業の学位を取得して社会に出る若者が全米人口の約二〇％に上ったそうです。この世代はまだ親世代が持っていたアメリカンドリームを夢見る価値観を引き継いでいましたが、それと同時に、大学時代に芸術や教養などの洗練された文化的なものに初めて触れることになりました。そのような経験によって彼ら・彼女らにとって、もはや経済的な豊かさだけが唯一価値のあるものではなく、洗練された文化にも同じく価値を感じる感覚が身につきつつありました。

その価値観の変化は、その子ども世代になるとさらに顕著になり、一九八〇年代後半になる頃には、当時の若者世代は経済的豊かさ以上に、洗練された文化を求めるようになったのです。この世代をホルトは「文化資本層（The Cultural Capital Cohort）」と名付けています。文化資本層世代が社会に出始めた一九九〇年代になると、ひとびとはあらゆるジャンルの消費行動において洗練された文化的なものを一層強く求めるようになり、その欲求に応えようとする企業やブランドが生まれました。たとえば、ブティックホテルの先駆けでもあるWホテルや、皆さんにも馴染みのアップル・コンピュータなどが挙げられます。

もちろん食の世界にも同様の洗練さを求める動きは強まり、当時はまだ依然として洗練とは程遠かったアメリカの食文化にも繊細な味付けで調理された料理や、外国から輸入された珍しい品種の野菜などを採り入れたりというような変化が起きつつありました。

そのような変化の中で、コーヒーも例外ではありませんでした。

米国では日常的な飲み物として親しまれていたコーヒーですが、当時から豆や焙煎にこだわってコーヒーの味を楽しむひとたちは一定数存在していました。まるでワインを楽しむように、豆の産地にこだわったり、淹れ方や飲み方に工夫を凝らす趣味は、文化資本層を惹きつけたのですが、そのためには深い知識や教養を必要としたので、少々敷居が高いものでもあったのです。文化的なものの価値を認めつつも、本当に洗練された文化を楽しむ世界に飛び込んでいくことはちょっと怖いことでした。

そのような、洗練されたものに触れたいけれどもちょっと怖い、という葛藤に対して救いの手を差し伸べたのがスターバックスだったのです。スターバックスは、こだわった豆と、本場イタリア製のエスプレッソマシンを使い、きちんとしたトレーニングを受けたバリスタが淹れたコーヒーを、気軽に楽しめる体験を提案しました。本物を味わいたい、けれども自分の文化素養を試されるような敷居が高いものはいやだ、と考えていた文化資本層に対して「ちょうど良い」存在になったのです。だからこそ、生粋の米国発祥企業であるにもかかわらず、メニューはイタリア語でなければならなかったのです。つまり、スターバックスの顧客は「洗練された文化を楽しめる自分」という文化的なアイデンティティを手に入れるために、安いダイナーなどと比べると数倍の値段を払ってでも、スターバックスでコーヒーを購入したのです。これもひとえに、時代や社会の変化を感じ取り、顧客に対して絶妙のバランス感覚で価値提案したハワード・シュルツCEOの嗅覚の鋭さがなせる業でしょう。まさにシュルツは「文化のデザイン」をしたのだと思います。

1　ＶＵＣＡとは、Ｖ（Volatility：変動性）、Ｕ（Uncertainty：不確実性）、Ｃ（Complexity：複雑性）、Ａ（Ambiguity：曖昧性）の四つの言葉の頭文字をとってつくられた略称。

2　サラスバシーは、エフェクチュエーションの実践にあたって重要なポイントを「エフェクチュエーションの5原則」として挙げています。

①手中の鳥の原則（Bird in Hand）

実行可能な既存の手段を用いて、新しいなにかを生みだす原則

②許容可能な損失の原則（Affordable Loss）

仮に損失が生じても致命的にはならない範囲のコストを予め設定しておく原則

③クレイジーキルトの原則（Crazy-Quilt）

パズルを正しく組み上げるのではなく、手に入る多種多様な端切れを組み合わせ個性豊かなパッチワークをつくりあげるように、顧客や競合他社、協力会社、従業員などのさまざまな繋がりを有機的に組み合わせながら、それらパートナーと一体になってゴールをめざしていく原則

④レモネードの原則（Lemonade）

使い物にならない欠陥品でも工夫を凝らして、新たな価値を持つ製品へと生まれ変わらせるという原則

⑤飛行機の中のパイロットの原則（Pilot-in-the-plane）

前述の四原則を網羅した考え方でもあり、状況に応じて臨機応変な行動をする原則

本章のポイント

- 「まだこの世に存在しない」ような革新的な製品・サービスの可能性を確かめるには、早い段階で構想をプロトタイプとして具現化し、ひとびとが理解、評価できる状態にすることが有効である。

- ビジネスが成功に向かう道筋は一つとは限らない。VUCAの時代に少しずつでもビジネスを実現化し、良い方向に進めていくためのアプローチとして「エフェクチュエーション」と「リーンスタートアップ」の考え方を参考にしよう。

- ひとびとに「未来の当たり前」を価値提案できるようなビジネスには、顧客や市場の要望に応答する「ニーズドリブン」な姿勢だけでなく、自社がそのビジネスをやる明確で強い意志に導かれた「ビジョンドリブン」な姿勢を社会に提示することも欠くことのできない要素になる。

- 近い将来に起こりうる時代や文化の変化を察知し、来たるべき新たな価値として製品・サービスに込めて提案していくことは、いずれひとびとに広く受け入れられ、社会に埋め込まれていく「文化をデザインすること」につながる。

終章

サービスデザイン思考で
これからのビジネスを考えよう

さて、本書もいよいよ終わりに近づいてきました。

序章からこの終章まで、サービスデザイン発想で顧客や社会に愛され、そして長くその価値が続いていくようなサステナブルなビジネスをつくっていくための考え方と具体的な方法について皆さんと一緒に学んできましたが、一方で、そのような価値あるビジネスをつくりあげることは一朝一夕にはできないこともご理解いただけたと思います。

本書の至るところで、「自分がひとりでもできること」「今、手を着けられること」から始めていきましょう、というわたしからのエールを繰り返しお伝えしてきましたように、サービスデザイン発想でビジネスをつくるということは、これまで学んできたことを常に考え、実践を繰り返しながら、顧客と社会、そして自社のゴールが「三方よし」そして「世間によし」に近づくように努力し続けることです。

そこで、終章では本書の結びに代えて、皆さんのビジネス、そして製品・サービスが、どのくらいサービスデザイン発想になっているかを自己評価するための指標を、八つのチェックポイントから整理して示したいと思います。次頁の表をご覧ください。

サービスデザイン思考による
ビジネスづくりのためのチェックポイント

のぞみ八策

1 ペルソナが期待するゴールを超える価値を提案できているか?

2 ニーズの解決のみならず、ペルソナの「進化」を促せているか?

3 競合はどこか?　想定する競合先は自社が闘うのに妥当か?(理想は競合が存在しない)

4 自社独自の価値を提案できているか?

5 なぜ自分たちがこのビジネスをやるべきなのかが明確になっているか?

6 ビジネス、そして製品・サービスがサスティナブルであるためのデザインはなされているか?

7 様々な障壁があっても、リソースがもぎ取られたとしても、それでもやり抜きたいと思えるか?

8 ビジネス、そして製品・サービスがグロースするまでの道のりは描けているか?

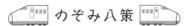

これら八つのチェックポイントは、わたしがこれまで数々の企業のビジネス創出や、製品・サービスのサービスデザインを支援する中で得た実践知をもとに体系化したものです。なおこのような八つのチェックポイントを整理する作業をしたのが、移動中の新幹線のぞみ号の車中だったので、勝手に「船中八策」ならぬ「のぞみ八策」と呼んでいます。コピーライトフリーですので、遠慮なくご使用ください。

おそらく、ここまで本書にお付き合いいただいた皆さんであれば、1から6までは理解いただけることでしょう。これらは、本書で学んだことのエッセンスとも言えます。加えて挙げました7と8については、少し説明しましょう。

7に挙げた「様々な障壁があっても、リソースがもぎ取られたとしても、それでもやり抜きたいと思えるか？」という点は、特に新規事業や、既存のビジネスのあり方を大きく転換しないといけないビジネスづくりにおいてとても重要になります。

多くの企業は、既存のビジネスの維持と拡大、もしくは改良によって日々の企業活動が成り立っています。既存事業を推進することももちろん容易ではありませんが、過去から蓄積された実績やナレッジ、ノウハウがすでにあることで近い将来の見通しを立てられます。見通しが立てられるということは、企業としてその事業にヒト・モノ・カネといった資源（リソース）を割り当て、投資する判断がつくということです。

しかし、新規事業や既存事業の大幅な転換を考えることは、現時点では見通しが立たない不確実なことへのリソース投資を、経営層に認めさせる必要があります（経営学における企業家研究の領域では、このような考え方を「資源動員の創造的正当化[1]」と呼びます）。経営層としてはマネジメントに関するリスクを最大限なくしたいと考えるのがセオリーですので、そう簡単には不確実な投資を認めてくれませんし、場合によってはそういったチャレンジを邪魔してくることさえありえます。

そのような場合でも、折れずに、なんとか工夫をしながらやり抜こうとする強いビジョンがないと、いとも簡単に新しいことへのチャレンジは止まってしまいます。自分自身が起業家として、ビジョンと熱意を持ってビジネスを興していこうというひとならまだしも、企業という組織の一員としてビジネスを考えようとしているひとであればなおさらです。そんなにしんどいことを自分（たち）だけが背負い込まなくても、しばらくの間、自社のビジネスはこれまでどおり進んでいくでしょう。

つまり、新しいビジネスを実現させるということは、それがいくら大変なことだとしても、自分（たち）がやらなきゃいけない、なにがあってもやり抜きたい、と思えるビジョンや、強い問題意識に支えられない限り成し遂げられないすごいことなのです。もし、そこまでの覚悟が決まらないようであれば、「どんなビジョンからこのアイデアは始まったのか？」「自分たちがなぜやらないといけないのか？」を、再度深く問い直してみましょう。

8の「ビジネス、そして製品・サービスがグロースするまでの道のりは描けているか？」は、サービスデザインに限らず、ビジネスをデザインしていくうえで非常に重要なポイントです。新しいビジネスや製品・サービスは、世に出た瞬間から大ヒットするわけではありません。むしろ、そんな恵まれたケースはほんのわずかです。最初はニッチな、しかし熱狂的なファンを少数でもしっかりと獲得し、それらのファンが周囲のひとたちに勧めてくれることで徐々に時間をかけて顧客基盤を整えるようなビジネスもあるでしょうし、逆に製品やサービスのローンチ時点で巨額の投資を行い、無料で顧客に使ってもらうことで一気にユーザー層を拡げ認知を拡げたうえで、徐々に便利な機能を追加していく、そして、そのような機能を使いたい顧客に課金することで後から収益基盤をつくっていくようなビジネスもあります。

ここで重要なことは、どんな戦略パターンであれ、「自社のビジネスをいつ収益的にサスティナブルに成立させるか」の道のりを時系列でデザインすることです。サービスデザインの大原則である、「顧客・ビジネス・組織」が最適なバランスで折り合っている状態を、ビジネスをローンチさせた時点で完璧に成立させることは容易ではありません。であるならば、ある程度の期間を設けて、段階的に実現させるためのビジネスの成長（グロース）ストーリーをデザインする必要が生じます。そのような中長期スパンでのビジネスづくりを考えるうえでも、俯瞰的な視点から全体を見るサービスデザインの発想はきっと役に立つことでしょう。

思い返せば、第1章であらゆるビジネスがサービス化してゆく中で、ユーザーと企業との間の「終わらない」共創関係が始まることに触れました。本書を通して、ひとりでも多くの皆さんが、ご自身が関わるビジネスや製品・サービスについて考え続けるきっかけが生まれることを心から楽しみにしています。

さあ、本書を閉じた瞬間から「終わらない」サービスデザインの旅を始めましょう。

1　現時点で成功するかどうかの見通しや説明がつかない新規性の高い事業アイデアを経営層に対して説明し、納得させるために、その事業を自社が手がけるべき「正当性（legitimacy）」をあらゆる視点を駆使して見つけ、それによって経営資源を動かす判断を正当化させる考え方（武石彰他『イノベーションの理由』参照）。

あとがき

本書の執筆にあたっては、大変数多くの方々のご協力とご助言、ご指導をいただきました。実務家のわたしに、デザイン研究の道に足を踏み入れるきっかけと勇気をくださった博士後期課程の指導教員である京都大学経営管理大学院の山内裕先生をはじめ、常日頃からご指導とご助言をくださる敬愛する先生方。デザインの現場でともに実践に取り組んでくださっている実務家仲間たち。未熟なわたしに日々寛容な期待をくださるクライアント企業の皆さん。そして、遅々として進まない執筆を長い間見守ってくれた家族と友人、いつもメンターになってくれている相談相手。それらの皆さんの助けなしには本書の完成はありえませんでした。この場をお借りして、心から御礼を申し上げます。

そして、本書の担当編集者としてわたしを気長に見守り、やさしく鼓舞し続けてくださったNTT出版の山田兼太郎さんにこのうえない感謝を申し上げたいと思います。本書は、山田さんの「デザイン専門家に限らず、いやむしろ普段はデザインに専門的に関わることのない一般的なビジネスパーソン向けに、縦書きのサービスデザイン本をつくりませんか？　実現したら世界初ですよ」という、ありがたいお声がけから構想が始まりました。

これまで共著での専門書執筆の経験はあったものの、単著で、なおかつ一般向けビジネス書の執筆については経験がなかったので、最初オファーをいただいた時には「本当に書けるのだろうか？」という不安がこみ上げてきました。ですが、そんな大きな不安とは裏腹に自分の口からするりと出た言葉は「ぜひ、やらせてください」でした。

ところが、言うは易く行うは難し。執筆を決意した後に一念発起して大学院に入ったことで研究活動が忙しくなり、加えて実務家としての業務も多忙の度合いを増してしまったため執筆が思うように進まなくなった結果、足掛け三年もの時を要することになりました。

この三年の間には、急激に拡大した新型コロナウィルスの感染リスク対応に象徴される、様々な社会変化が起こりました。そのため、わたしたちの日常は以前とは大きく様変わりしています。この間の、想像を遥かに超える世の中の常識と潮流の変化は、わたしに当初考えていた執筆内容をじっくりと考え直させてくれる良い機会になったと改めて感じています。

そのような思考の熟成の甲斐もあってかどうかはわかりませんが、昨秋から執筆を再始動したものの、なかなか筆が進まず時間だけが過ぎていく焦りの中でも「たとえ少しずつでも書き続けていれば必ずいつかは書き終わる」という山田さんの言葉を信じて、毎週土曜日は必ずキーボードに向かうことをルーティンにしてから約半年で本書を書き下ろすことができました。

サービスデザインは、まだまだ日本では耳馴染みがないデザイン領域ですが、今の社会が直面している様々な課題を乗り越え、ひとと社会にとって良いビジネスを考えるヒントがたくさん詰まっている考え方だと、わたしは確信しています。

本書が、皆さんがそれぞれの立場で良いビジネスを考え、実践するためのわずかばかりのヒントになるとしたら、それは筆者としてこのうえない喜びです。

結びとなりましたが、本書を手にとってくださった読者の皆さんに、なによりの感謝を申し上げます。

井登友一

二〇二一年春　毎週土曜日、執筆作業を支え続けてくれたｍａｍａ！ｍｉｌｋの音楽を聴きながら

第48巻、31-45頁.
大野正英（2012）「『三方よし』の由来とその現代的意味」『日本経営倫理学会誌』第19巻、241-253頁.

第8章

マイケル・E・ポーター（1985）『競争優位の戦略——いかに高業績を持続させるか』土岐坤、中辻萬治、小野寺武夫 訳、ダイヤモンド社
クリスチャン・グルンルース（2013）『北欧型サービス志向のマネジメント——競争を生き抜くマーケティングの新潮流』蒲生智哉、近藤宏一 訳、ミネルヴァ書房
ピーター・メルホルツ、クリスティン・スキナー（2017）『デザイン組織のつくりかた ——デザイン思考を駆動させるインハウスチームの構築&運用ガイド』長谷川敦士 監修、安藤貴子 訳、ビー・エヌ・エヌ新社.
R. S. Achrol, P. Kotler (1999) 'Marketing in the network economy',*Journal of Marketing, 63* (SUPPL.), pp.146-163.
李炳夏（2017）「【趣味経vol.11】ジャズ型組織、オーケストラ型組織」、阪南大学ウェブサイト https://www.hannan-u.ac.jp/doctor/management/lee/2017/mrrf43000002l1nb.html

第9章

エリック・リース（2012）『リーンスタートアップ ——ムダのない起業プロセスでイノベーションを生みだす』井口耕二 訳、伊藤穣一 解説、日経BP
サラス・サラスバシー（2015）『エフェクチュエーション——市場創造の実効理論』加護野忠男、高瀬進、吉田満梨 訳、碩学舎.
山内裕、平本毅、杉万俊夫（2017）『組織・コミュニティデザイン』、共立出版
ジョージ・リッツァ（1999）『マクドナルド化する社会』正岡寛司 訳、早稲田大学出版部
J. L. Kincheloe (2002), *The Sign of the Burger : McDonald's and the Culture of Power*. Temple University Press.

最終章

武石彰、青島矢一、軽部大（2012）『イノベーションの理由——資源動員の創造的正当化』、有斐閣.
D. B. Holt & D. Cameron (2010), *Cultural Strategy : Using Innovative Ideologies to Build Breakthrough Brands*. Oxford University Press.

A. Cooper, R. Reimann & D. Cronin (2007), *About Face 3 : the Essentials of Interaction Design*. Wiley (『About Face 3 ——インタラクションデザインの極意』長尾高弘 訳、アスキー・メディアワークス、2008)

G. L. Shostack (1982),'How to Design a Service'. *European Journal of Marketing, 16*(1), pp.49–63.

Sarah Gibbons (2017),'Service Blueprints: Definition', Nielsen Norman Group https://www.nngroup.com/articles/service-blueprints-definition/

第6章

ロベルト・ベルガンティ (2016)『デザイン・ドリブン・イノベーション——製品が持つ意味のイノベーションを実現した企業だけが、市場優位に立つ』立命館大学経営学部DML 訳、岩谷昌樹、八重樫文 監訳・訳、クロスメディア・パブリッシング

ロベルト・ベルガンティ (2017)『突破するデザイン——あふれるビジョンから最高のヒットをつくる』立命館大学経営学部DML 訳、安西洋之 解説、八重樫文 監訳、日経BP

エリック・フォン・ヒッペル (2006)『民主化するイノベーションの時代——メーカー主導からの脱皮』サイコム・インターナショナル 訳、ファーストプレス

C. Luthje, C. Herstatt & E. von. Hippel (2002),'The dominant role of" local" information in user innovation: The case of mountain biking', *MIT Sloan School of Management Working Paper*; 4377-02.

三宅秀道 (2012)『新しい市場のつくりかた——明日のための「余談の多い」経営学』、東洋経済新報社

クレイトン・M・クリステンセン、タディ・ホール、カレン・ディロン (2017)『ジョブ理論——イノベーションを予測可能にする消費のメカニズム』依田光江 訳、ハーパーコリンズ・ジャパン

ベン・リーズン、ラヴランス・ロヴリー, メルヴィン・ブランド・フルー (2016)『ビジネスで活かすサービスデザイン——顧客体験を最大化するための実践ガイド』高崎拓哉 訳、ビー・エヌ・エヌ新社

第7章

ロバート・F・ラッシュ、スティーブン・L・ヴァーゴ (2016)『サービス・ドミナント・ロジックの発想と応用』井上崇通、庄司真人、田口尚史 訳、同文舘出版

上平崇仁 (2020)『コ・デザイン——デザインすることをみんなの手に』、NTT出版

長尾有記、梅室博行 (2012)「おもてなしを構成する要因の体系化と評価ツールの開発」『日本経営工学会論文誌』第63巻、第3号、126–137頁.

寺阪今日子、稲葉祐之 (2014)「『ホスピタリティ』と『おもてなし』サービスの比較分析 ——『おもてなし』の特徴とマネジメント」『社会科学ジャーナル』第78巻、85–120頁.

中川伸子 (2011)「『ホスピタリティ』の起源」『神戸女子短期大学 論攷』第56巻、25–32頁.

宇佐美英機 (2015)「近江商人研究と『三方良し』論」『滋賀大学経済学部附属資料館研究紀要』

参考文献（＊初出順）

序章

産業競争力とデザインを考える研究会（2018）「デザイン経営宣言」、経済産業省・特許庁 https://www.meti.go.jp/press/2018/05/20180523002/20180523002-1.pdf

エツィオ・マンズィーニ（2020）『日々の政治——ソーシャルイノベーションをもたらすデザイン文化』安西洋之、八重樫文 訳、ビー・エヌ・エヌ新社

第1章

経済財政諮問会議「選択する未来」委員会（2014）「サービス産業の生産性」、内閣府 https://www5.cao.go.jp/keizai-shimon/kaigi/special/future/wg1/0418/shiryou_01.pdf

S. L. Vargo & R. Lusch (2004),'Evolving to a New Dominant Logic'. *Journal of Marketing, 68* (1), pp.1-17.

フィリップ・コトラー、トーマス・ヘイズ、ポール・ブルーム（2002）『コトラーのプロフェショナル・サービス・マーケティング』白井義男、平林祥 訳、ピアソン・エデュケーション

第2章

ジョゼフ・B・パイン、ジェームス・H・ギルモア（2000）『経験経済——エクスペリエンス・エコノミー』電通「経験経済」研究会 訳、流通科学大学出版

トーマス・ハウフェ（2007）『近代から現代までのデザイン史入門』藪享 訳、晃洋書房

第3章

ジェラルド・ザルトマン（2005）『心脳マーケティング——顧客の無意識を解き明かす』藤川佳則、阿久津聡 訳、ダイヤモンド社

井登友一（2014）「プロ厳選！ ユーザーを理解する調査手法　定性調査と定量調査の違いとは？ アンケートやインタビューの成果を最大化」、Web担当者Forum（インプレス）https://webtan.impress.co.jp/e/2014/12/15/18883

第5章

バーニー・G・グレイザー、アンセルム・L・シュトラウス（1996）『データ対話型理論の発見——調査からいかに理論をうみだすか』大出春江、水野節夫、後藤隆 訳、新曜社

浅田和実（2006）『図解でわかる商品開発マーケティング——小ヒット＆ロングセラー商品を生み出すマーケティング・ノウハウ』日本能率協会マネジメントセンター

A. Cooper (1999), *The Inmates are Running the Asylum*. Sams.(『コンピュータは、むずかしすぎて使えない!』山形浩生 訳、翔泳社、2000)

[著者]
井登友一（いのぼり・ゆういち）
株式会社インフォバーン 取締役副社長 / デザイン・ストラテジスト。
2000年前後から人間中心デザイン、UX デザインを中心としたデザイン実務家としてのキャリアを開始する。近年では、多様な領域における製品・サービスやビジネスをサービスデザインのアプローチを通してホリスティックにデザインする実務活動を行いつつ、デザイン教育およびデザイン研究の活動にも注力している。京都大学経営管理大学院博士後期課程修了 博士（経営科学）。HCD-Net（特定非営利活動法人 人間中心設計推進機構）副理事長。日本プロジェクトマネジメント協会 認定プロジェクトマネジメントスペシャリスト。

サービスデザイン思考——「モノづくりから、コトづくりへ」をこえて

2022年7月26日　初版第1刷発行
2023年3月31日　初版第2刷発行

著　者　井登友一

発 行 者　東 明彦

発 行 所　NTT 出版株式会社
〒108-0023 東京都港区芝浦3-4-1 グランパークタワー
営業担当　TEL 03(6809)4891　FAX 03(6809)4101
編集担当　TEL 03(6809)3276
https://www.nttpub.co.jp

ブックデザイン　山之口正和＋沢田幸平（OKIKATA）
組　版　株式会社キャップス
印刷・製本　中央精版印刷株式会社

ISBN 978-4-7571-2388-5 C0033